Jackson
Da Silva Leal

CRIMINOLOGIA DA DEPENDÊNCIA
PRISÃO E ESTRUTURA SOCIAL BRASILEIRA

Copyright © 2021 by Editora Letramento
Copyright © 2021 by Jackson da Silva Leal

Diretor Editorial | Gustavo Abreu
Diretor Administrativo | Júnior Gaudereto
Diretor Financeiro | Cláudio Macedo
Logística | Vinícius Santiago
Comunicação e Marketing | Giulia Staar
Assistente Editorial | Matteos Moreno e Sarah Júlia Guerra
Designer Editorial | Gustavo Zeferino e Luís Otávio Ferreira
Ilustração da Capa | Carlos Latuff

Conselho Editorial | Alessandra Mara de Freitas Silva; Alexandre Morais da Rosa; Bruno Miragem; Carlos María Cárcova; Cássio Augusto de Barros Brant; Cristian Kiefer da Silva; Cristiane Dupret; Edson Nakata Jr; Georges Abboud; Henderson Fürst; Henrique Garbellini Carnio; Henrique Júdice Magalhães; Leonardo Isaac Yarochewsky; Lucas Moraes Martins; Luiz Fernando do Vale de Almeida Guilherme; Nuno Miguel Branco de Sá Viana Rebelo; Renata de Lima Rodrigues; Rubens Casara; Salah H. Khaled Jr; Willis Santiago Guerra Filho.

Todos os direitos reservados.
Não é permitida a reprodução desta obra sem aprovação do Grupo Editorial Letramento.

Dados Internacionais de Catalogação na Publicação (CIP) de acordo com ISBD

L435c	Leal, Jackson da Silva
	Criminologia da dependência: prisão e estrutura social brasileira / Jackson da Silva Leal. - Belo Horizonte, MG : Casa do Direito, 2021. 182 p. ; 15,5cm x 22,5cm.
	Inclui bibliografia. ISBN: 978-65-5932-127-8
	1. Criminologia. 2. Prisão. 3. Estrutura social brasileira. I. Título.
2021-3955	CDD 364 CDU 343.9

Elaborado por Vagner Rodolfo da Silva - CRB-8/9410

Índice para catálogo sistemático:
1. Criminologia 364
2. Criminologia 343.9

Belo Horizonte - MG
Rua Magnólia, 1086
Bairro Caiçara
CEP 30770-020
Fone 31 3327-5771
contato@editoraletramento.com.br
editoraletramento.com.br
casadodireito.com

Casa do Direito é o selo jurídico do Grupo Editorial Letramento

7 **PREFÁCIO**

13 **APRESENTAÇÃO**

21 **INTRODUÇÃO**

21 CRIMINOLOGIA DA DEPENDÊNCIA E A VIOLÊNCIA DESDE
UMA PERSPECTIVA DA CONTRATENDÊNCIA DA DIALÉTICA
MATERIALISTA NO CAPITALISMO PERIFÉRICO

29 **CAPÍTULO I.**
A PENALIDADE COLONIAL: A FUNÇÃO DO CONTROLE
SOCIAL NAS ORIGENS DA INSTITUCIONALIDADE
MODERNA LATINO-AMERICANA E BRASILEIRA

31 1.1. LIBERALISMO ILUMINISTA DESDE A PERSPECTIVA DO PACTO COLONIAL
E A SEGURANÇA DO CLASSICISMO NAS MARGENS DA CIVILIZAÇÃO

45 1.2. O CONTROLE SOCIAL E A PRISÃO NA GÊNESE DA FORMAÇÃO SOCIAL
LATINO-AMERICANA – ECONOMIA POLÍTICA DA PENALIDADE

63 1.3. A ANORMALIDADE DO POVO LATINO-AMERICANO: A
GESTÃO POSITIVISTA DA POLÍTICA E DOS CORPOS

83 **CAPÍTULO 2.**
O PARADIGMA DO BEM ESTAR SOCIAL E A
IDEOLOGIA RESSOCIALIZADORA: O HUMANISMO
FUNCIONAL À LÓGICA DE PRODUÇÃO

84 **2.1. LIBERALISMO DOMESTICADO,**
CLASSE E TRABALHO NA
PERIFERIA DO CAPITALISMO:
OS ANOS DE OURO DO CAPITALISMO E A CONDIÇÃO DE DEPENDÊNCIA

95 **2.2. DEFESA SOCIAL E A IDEOLOGIA DA REABILITAÇÃO:** O SUJEITO
DO TRABALHO COMO OBJETO DE INTERVENÇÃO E CONTROLE

107 **2.3. NEOLIBERALISMO E A NOVA RACIONALIDADE:**
O ABANDONO DO IDEÁRIO REABILITADOR

125 CAPÍTULO 3. NEOLIBERALISMO E ENCARCACERAMENTO EM MASSA: COMPLEXIFICAÇÃO E RAMIFICAÇÃO DA PRISÃO – NOVAS FORMAS E FUNÇÕES

127 3.1. A DIVERSIFICAÇÃO E COMPLEXIFICAÇÃO DAS FUNÇÕES DA PRISÃO – A INSUFICIÊNCIA DA VELHA ECONOMIA POLÍTICA DA PENA

138 3.2. ENCARCERAMENTO EM MASSA E THE NEW SLAVERY: DO PROBLEMA SOCIAL AO INVESTIMENTO EMPRESARIAL E A EXACERBAÇÃO DA ACUMULAÇÃO NO NEOLIBERALISMO

171 CONSIDERAÇÕES FINAIS

175 REFERÊNCIAS

PREFÁCIO

A derrota de Bonifácio na constituinte de 1824 e o posterior exílio de 6 anos na França é um marco tão importante quanto esquecido na análise do desenvolvimento capitalista no Brasil. O santista Bonifácio – oriundo de família abastada – elaborou por vez primeira um projeto para o país com tal riqueza de detalhes que, se adotado, poderia ter levado o Brasil para um caminho distante da dependência e do subdesenvolvimento que finalmente o caracteriza. Mas seus adversários venceram e, além de exílio de seis anos na Europa, sua obra foi sepultada sob os sólidos cimentos da dependência e do subdesenvolvimento.

À interpretação marxista da realidade nacional cabe buscar as razões pelas quais Bonifácio sofreu enorme derrota e pagou caro pela firmeza de suas convicções. De fato, o desafio teórico-político consiste em saber quais eram as possibilidades reais para que seu projeto em relação ao fim da escravidão, a democratização da propriedade e a incorporação dos povos indígenas ao processo de constituição do povo brasileiro fosse finalmente adotado. Ora, a expansão da economia mundial – algo muito mais relevante que o enfoque centrado na revolução industrial inglesa – impulsionou o capital comercial europeu para a constituição de 3 séculos de colonialismo na América Latina. Não há que esquecer o fundamental: o capitalismo colonial foi uma extraordinária máquina de produção de riqueza num polo do sistema e de pobreza e miséria no outro. A dependência não é mera continuidade do colonialismo, mas precisamente uma radical ruptura na lenta trama da história. A partir de 1830, nos diz Marx, o capitalismo venceu na Inglaterra e o século inglês ganhou dinâmica em escala global com efeitos muito importantes na América Latina. A sorte das transformações em nossa região dependia, portanto, da dinâmica capitalista global sem que possamos ignorar a luta de classes no interior das formações nacionais que, após 1825, era basicamente de países independentes.

Em 1822 o Brasil tinha quase 5 milhões de habitantes cuja maioria era escrava. Portanto, a reflexão sobre o processo de independência e a lenta transformação capitalista que ganhou aceleração após o 7 de setembro não abrigava contradições e antagonismos típicas da via clássica do desenvolvimento capitalista e, tal como ocorreu, não poderia ter – como de fato não teve – uma ruptura com o passado tal como preconizava Bonifácio de Andrada. Essa figura realmente digna de nota, mas sistematicamente ignorada pelos acadêmicos, tinha em perspectiva a aceleração da via capitalista pela democratização radical da propriedade da terra. Ademais, Bonifácio de Andrada assinalou com a consciência de seu tempo, que o Brasil deveria avançar nessa direção animado por espírito moral elevado, consciência histórica das possibilidades e também para evitar uma revolução como aquela que se verificou no Haiti em 1804.

No entanto, o mercado mundial demandava a produção agrícola, os lucros eram elevados e a classe dominante local não tinha outra alternativa senão manter a ferro e fogo a escravidão na base da concentração da propriedade da terra. A análise da lei de terras de 18 de setembro de 1850 não era produto da maldade humana ou da fraqueza moral da classe dominante que não vacilou em manter a escravidão até 1888. A escravidão e a lei de terras assinalada constituía uma exigência da acumulação de capital e do ciclo da dependência inaugurada sob os escombros do colonialismo europeu destruído tanto pelas transformações capitalistas no centro como também pela espada de Bolívar na periferia. A contestação de extração moral à escravidão atualmente em voga é perniciosa precisamente porque além de falsificação histórica, pretende nada menos do que ocultar a natureza capitalista do racismo e da desigualdade social. Ora, não pode ser uma surpresa para ninguém o fato de que vivemos numa sociedade capitalista dominada pelo trabalho livre e, dada nossa posição no sistema capitalista mundial – sustentada pela superexploração dos trabalhadores na periférica latino-americana – as classes subalternas não podem senão permanecer nessa condição no vale de lágrimas que não respeita região, cor ou gênero.

Há bons estudos que já indicam que a superexploração da força do trabalho não é uma característica exclusiva de países como o nosso, mas com grande evidência podemos observar também nos países centrais e inclusive nos Estados Unidos. A vigência da lei do valor em escala global sem o falseamento representado pela regulação estatal – portanto nacional – implica em graus elevados de exploração da força de trabalho que, ademais, pode contar com a migração para estabelecer um duplo mercado de trabalho nos países centrais à plena disposição da reprodução ampliada do capital.

A ciência social latino-americana orientada pelo marxismo já revelou há muito tempo que todos os problemas típicos de uma sociedade capitalista são particularmente acentuados na periferia capitalista. Entretanto, a tradição crítica do pensamento social latino-americano que sob a influência decisiva do marxismo produziu os melhores estudos sobre a dependência e o imperialismo revelou as entranhas do capitalismo *sui generis* típico de países dependentes e subdesenvolvidos.

Assim, todos os temas relativos aos dilemas da dominação burguesa e da emancipação das classes subalternas em direção ao socialismo, ganharam também luz própria. As formas jurídicas, a ideologia, a cultura, as classes sociais, o estado e a economia foram rigorosamente analisadas a partir da perspectiva da revolução e da contrarrevolução. Diante de nossa realidade, da monstruosidade do subdesenvolvimento e da dependência, ninguém mais tem o direito ao engano e a ingenuidade. Em consequência, a análise crítica do sistema judicial e da elaboração das leis, do funcionamento real dos tribunais e do sistema carcerário, da impunidade e do punitivismo, somente podem ser compreendidos a partir da totalidade marcada pela dependência e o subdesenvolvimento. Essa é a base histórica e teórica que exige uma *criminologia da dependência*, ou seja, uma criminologia crítica voltada para entender e superar a realidade que um pouco de sensibilidade social pode facilmente caracterizar como bárbara sem nada conceder ao moralismo.

No entanto, há obstáculos que necessitam de superação para avançar na direção de uma *criminologia da dependência*. O primeiro deles é o eurocentrismo, ideologia responsável pelo ocultamento sistemático da totalidade capitalista do sistema que nos domina. Em consequência, a concepção eurocêntrica de história pesa como uma pirâmide sobre o pensamento e a história nacional da mesma maneira que produz angústia permanente na cabeça desesperada dos acadêmicos para entrar na nova onda ou moda intelectual originada no centro do sistema sem a qual sua existência se insinua impossível. Não há outro antídoto contra o eurocentrismo senão o mergulho profundo na história nacional dos países latino-americanos para desvendar os mistérios que a sociologia e ciência política enlatada consumida nos meios acadêmicos produz como se, de fato, fosse ciência social sólida. Há que atentar para o essencial: a perspectiva marxiana foi a tentativa mais radical para evitar a perspectiva eurocêntrica na ciência social da mesma forma que a teoria marxista da dependência constitui o esforço mais autentico e revolucionário da esquerda no esforço permanente de entender e transformar o sistema que nos oprime.

O livro que o leitor tem em mãos é expressão de esforço autentico para superar as armadilhas da ciência social enlatada ao amparar a crítica do sistema penal brasileiro na teoria marxista da dependência. Entretanto, produto do ambiente acadêmico amplamente dominado pelo liberalismo de esquerda e do eurocentrismo, traz também as cicatrizes obtidas durante a permanência no sistema de pós graduação brasileiro que haveremos de enterrar. Nesse contexto, a ruptura entre colonialismo e dependência nem sempre é percebida adequadamente, razão pela qual a crítica marxiana não pode ser diluída na análise marxiana de "viés decolonial". Os estudos sobre a "decolonialidade" representam precisamente uma negação da vitalidade do marxismo ortodoxo e da tradição crítica do pensamento latino-americano, razão pela qual frequentam salão e é artigo abundante entre nós. Portanto, *Criminologia da dependência: o encarceramento e sua centralidade na estrutura social brasileira,* opera nessa oscilação entre a tradição crítica e as modas intelectuais produzidas na Europa e nos Estados Unidos como produto ideológico necessário a dominação imperialista. A despeito do prestígio que recebe no ambiente universitário, a verdade é que necessitamos mais Bonifácio de Andrada do que Angela Davis, mais Edison Carneiro do que Malcon X, mais Guerreiro Ramos do que Wacquant ou Mbembe.

A realidade, no entanto, é sempre mais forte, razão pela qual, a análise da situação carcerária catarinense – parte constitutiva do sistema nacional – permite forte conexão com o solo que pisamos. O liberalismo de esquerda não pode ocultar – ainda que mantenha silencio obsequioso e cínico sobre o fenômeno – que a população carcerária cresceu como nunca precisamente nos governos da esquerda liberal encabeçado pelo PT nos governos de Lula e Dilma. As prisões catarinenses pertencem, pois, ao quadro nacional e da emergência do capitalismo dependente rentístico que mandou para o museu das ideologias as promessas sempre renovadas do desenvolvimentismo irrealizáveis nos marcos do capitalismo. As prisões e a população carcerária crescente que penaliza as classes populares não poderão ser superada senão no interior da Revolução Brasileira e jamais nos marcos da democracia e dos estreitos limites da dependência e do subdesenvolvimento. A liberdade para os milhares de presos sem processo que atualmente é a marca do sistema prisional brasileiro não encontrará solução sem tocar no nervo da prioridade privada e do estado burguês. A hora da Revolução Brasileira soa entre nós!

Uma criminologia da dependência é, portanto, decisiva, pois somente ela poderá dar conta da especificidade das relações de classe no Brasil que confinam milhares de brasileiros – todos proletários! – ao fundo das prisões desumanas que a despeito da violência do sistema legal, permanecem como se, de fato, não existissem. Não há razão para supor que estamos condenados a mera interpretação da realidade que nos oprime, razão pela qual uma perspectiva intelectual possui agora audiência que em outros tempos não possuía, pois milhões de brasileiros estão ávidos por respostas que os partidos políticos não podem oferecer e os acadêmicos jamais se atreverão a balbuciar. Em consequência, a crise brasileira sob impulso e benefício das classes dominantes abriu uma conjuntura que exige dos intelectuais rigor teórico e compromisso com a luta socialista no Brasil. Nada poderia ser mais surpreendente; nada poderia ser mais urgente.

NILDO DOMINGOS OURIQUES

Ilha de Florianópolis/SC

Professor titular do Departamento de Economia e Relações Internacionais da UFSC

presidente do Instituto de Estudos Latino-americanos da UFSC (IELA-UFSC)

APRESENTAÇÃO

Nesta obra, o criminólogo Jackson da Silva Leal, propõe pensar nossa realidade, dando «a devida atenção e centralidade ao monumento da prisão enquanto constructo fundamental das sociedades periféricas" e o faz «desde uma abordagem da teoria marxiana, e do arcabouço marxista, sobretudo partir de um viés descolonial", o que implica uma ampla revisão teórica de autores (as) que incluíram em suas análises dimensões da "questão racial", no Brasil e nos EUA.

Numa releitura da "economia política da penalidade no mundo burguês capitalista", desde a "periferia do capitalismo", propõe e resgata, um "sentido alargado de prisão". Inspirado em Harvey (2018), demonstra que "a prisão necessita se transformar de acordo com as "necessidades dominantes", daí o «sociometabolismo dos mecanismos de controle e privação da liberdade em diferentes conjecturas da história brasileira". Adquirindo funções cada vez mais complexas:

"a instituição carcerária como parte do modo de acumulação, na medida em que interfere diretamente nas relações de produção, seja gerindo superpopulação relativa e exército de mão de obra de reserva, ou mesmo, regulando indiretamente valores de salário; ou ainda, o aprisionamento enquanto modo de regulação, quando, mediante a ameaça do controle social, normaliza determinada estrutura de valores e interesses sociais como corretos – hegemonizando-os."

Neste contexto, confere especial atenção ao trabalho prisional em sua relação com o mercado no cenário de hegemonização neoliberal. Por meio de um estudo quantitativo e documental em unidades prisionais do estado de Santa Catarina, abarcando 86,8% da população prisional catarinense, sugere que a «política catarinense é o plano piloto» para se entender a relação entre trabalho e prisão, constatando a "exploração de um exército interminável de força de trabalho a baixo custo."

Nesse denso estudo, tanto do ponto de vista teórico quanto empírico, o autor nos oferece perspectivas para pensar dimensões locais das relações entre capitalismo e controle social, inserindo-nos no debate sobre uma criminologia latino-americana.

Entre as possíveis provocações sobre esse debate, escolho a palavra fragmento para sugerir questões sobre a possibilidade de escrever um discurso crítico no momento presente.

Roberto Lyra Filho, em sua Criminologia Dialética, recorreu a palavra fragmento para retratar o modo como as teorias estrangeiras eram trituradas em nossa paisagem. E assim, concluía sobre o destino das teorias positivistas: "Hoje, restam os fragmentos desossados da teoria primitiva, sempre refratários à unificação. Em si, já constituem imagens distorcidas, enquanto pretensamente explicativas do homem e da sociedade ou, mesmo, incorretamente descritivas desses mesmos aspectos da realidade, quando, em desespero de causa, renunciam à explicação." (1972, p.47)

A fragmentação das teorias européias e a constatação de sua insuficiência têm sido uma constante na crítica à Criminologia Latino-Americana. Ela nos provoca um primeiro espanto diante dos fluxos de conhecimentos que são situados de dois lados de uma fronteira imaginada, a fronteira da região e da nacionalidade. Todavia, os deslocamentos de discursos, entre lugares e pessoas, não são apenas geográficos, tratam da construção histórica dos processos e das unidades que, aparentemente, hoje compõe esses lugares, ou seja, esse lá e cá. Um exame das bibliotecas no século XVIII e das bibliotecas universitárias no século XIX revela mais do que o modo como pessoas leram, a seu modo e em seu contexto, obras estrangeiras. Ao invés, revela dimensões institucionais, dinâmicas coletivas sobre os códigos a respeito do que é um discurso científico válido, sobre o poder econômico e político de publicação e divulgação, sobre a profissionalização na prática intelectual, a construção das instituições educacionais e políticas, e o sentido da existência de uma língua escrita colonial.

A solidão do "caráter imitativo" dos intelectuais nacionais e a "recepção/redefinição" da matriz por parte desses intelectuais são apenas a superfície aparente de um vasto continente de discursos e relações de poder que constituem a Modernidade. De forma breve: A Criminologia é um saber Moderno, nasceu com pretensões universalistas e é um saber da colonialidade, como todas as demais ciências. Logo, resulta de um processo e de um esforço que estão para além das fronteiras nacionais, ao mesmo tempo em que impulsiona a construção e consolidação dessas fronteiras.

Dois exemplos breves. Nas notas de rodapé do Homem Delinquente (1876), Césare Lombroso citava, para fundamentar suas percepções racistas sobre os "selvagens" e "primitivos", não apenas estudos "científicos", mas relatos de viajantes que cruzavam o Atlântico e propagavam a opinião dos conquistadores europeus sobre as pessoas escravizadas e os povos originários. Por sua vez, Louis Agassiz, um dos difusores do racismo científico, foi também o fundador do Museu de Zoologia Comparada nos EUA, centro mundial de estudos sobre biologia com uma vasto acervo "trazido" da periferia. Durante a Guerra da Secessão, entre 1865-1866, ele buscava nos rios brasileiros exemplares para compor uma das maiores coleções de peixes da região, e registrava suas impressões pessoais e a das elites locais sobre a população de origem africana e indígena. O "cientista" recebeu do governo local o suporte de um navio, e foi recepcionado pelos "senhores da terra" e do parlamento em suas fazendas do interior. Os ribeirinhos traziam os peixes e diziam os nomes e aquilo que sabiam, Agassiz anotava. O conhecimento produzido por aqueles que eram detraídos pelo discurso de Agassiz servia para a consolidação de sua carreira. Enfim, o lá e o cá da ciência, observada desde a colonialidade precisa ser reconsiderada pela nomeação das redes de saber-poder que permitiram sua constituição e diferenciação. As ciências modernas também foram mecanismos de extração e normalização dos saberes que, muitas vezes, eram falados e vividos desde outras experiências.

Neste contexto, Eugênio Raul Zaffaroni, em Criminología - aproximação a partir da Margem, produziu, há mais de quatro décadas, um diagnóstico sobre nossa identidade fragmentada como região e como «campo científico". Aqui a Criminologia seria uma "campo de dúvidas", com muitas perguntas e poucas respostas:

"Las preguntas se multiplican quizá con mayor rapidez que en el centro, porque no se generan en el seno de grupos de "trabajadores del pensamiento", pagados para "pensar", sino que emergen de las tragedias, y su velocidad de reproducción se halla en relación inversa al adormecimiento del asombro que puede producir lo cotidiano (el acostumbramiento a la tragedia cotidiana, sobre el que volveremos más adelante, y que puede ser caracterizado como "entorpecimiento mental estuporoso por cotidianidad trágica», negación de la tragedia como mecanismo de huida o método de subsistencia)" (ZAFFARONI,1988, p. 02)

Há muitas perguntas para a Criminologia Latino-Americana: Quem foram os «senhores da escrita" desse vasto domínio territorial da opinião pública capaz de definir "problemas" e "soluções"? Ao pretender capturar o sentido do fluxo da escrita, compreendemos o mar de discursos e saberes que estiveram e estão nessas disputas cotidianas? Ou o modo saberes científicos foram estratégias contra saberes populares e insurgências cotidianas?

Lélia Gonzalez, intelectual negra excluída dos espaços acadêmicos da branquidade, no ensaio A Categoria Político Cultural da Amefricanidade, disputou o significado de nossa identidade como região ao usar o termo Améfrica Ladina, ladina "porque nada há aqui de latino» e Améfrica para resgatar as experiências contidas nas memórias e no próprio "falar" do português, uma língua nascida no Atlântico. Um dos mecanismos centrais da "denegação» da presença africana no Brasil e na região estaria na política de branqueamento, o que inclui a negação das formas de dizer e do dizer associado às comunidades e pessoas negras.

Em diálogo, com Lélia González, a criminóloga Thula Pires considera a centralidade da língua, vale dizer do trauma linguístico contido numa língua colonial, e, ao resgatar a provocação da socióloga sobre o local para onde os negros e negras são expulsos no debate ("O lixo agora vai falar'), avança na possibilidade de uma outra perspectiva criminológica em "pretuguês",:

"Tem-se por objetivo, mobilizar as categorias de análise desenvolvidas por Lélia Gonzalez para propor uma crítica criminológica decolonial que "carrega na tinta", que busca racializar para politizar as disputas em torno do significado da política criminal, direito penal e processo penal, segurança pública e direitos humanos, de modo a ser apreensível pelos corpos que secular e desproporcionalmente aguentam os ônus do modelo de extermínio, controle e punição hegemônico" (PIRES, 2017, p. 552).

O olhar situado para as dimensões do racismo (e da opressão de gênero) sugere que os cenários de produção de discursos e a constituição desses sujeitos desde a escrita científica são mais «complexos» do que as teorias utilizadas para descrever o espaço universitário europeu. De fato, ele permite compreender que essas vozes são as vozes negadas na constituição dos elementos trágicos da cena descrita por Zafaroni. O estupor diante da violência pode ter sentidos diversos conforme for partilhado, como denunciaram Felipe Freitas e Ana Flauzina, o privilégio de ser representado como vítima (FLAUZINA, FREITAS, 2017). E, como demonstrou Maira Brito, ao ouvir as mães que perderam seus filhos em cenas de violência urbana, os sujeitos são múltiplos e não são apenas os personagens trágicos do enredo construído pela violência institucional racista. (BRITO, 2018)

De qualquer modo, no cenário descrito por Eugênio Zaffaroni, há algo de heróico no fazer da Criminologia Crítica Brasileira e o heroismo não é mera retórica de construção da identidade do campo, resquício do bacharelismo liberal, resulta do cenário material de produção do conhecimento e de profissionalização dos atores. O heroísmo é, ainda, uma estratégia relevante da escrita: como vencer as limitações de acesso à bibliografia, da falta de dados (locais, regionais, nacionais), de pesquisas de médio alcance sobre problemas específicos, da falta de uma formação específica que seja capaz de sistematizar o campo, sem heroísmo?

Num cenário de identidades despedaçadas e num campo científico com baixa institucionalização, onde o Estado e seus representantes cinicamente ocultam a violência percebida a olhos nus e suprimem os dados sobre a raça das estatísticas, a tragédia está anunciada e é necessário vencer o seu destino, honrando uma tradição de ir além dos limites na pesquisa.

A atitude heróica na Criminologia Latino-americana é um vício ou uma virtude? Nas realidades institucionais e cotidianas, o heroísmo é o possível, e a marca de um limite histórico. O espaço institucional brasileiro, apesar de transformações em curso, carrega as marcas dos fluxos governados pela branquidade e pela masculinidade do saber. A professora Camila Prando tem nesse sentido, interpelado os silêncios de comunidades acadêmicas na Criminologia brasileira (PRANDO,2018)

Esse livro representa um dos melhores fragmentos de nossos atributos positivos num cenário em transformação. Ao busca dialogar com novas perspectivas, ergue-se construindo uma agenda de perguntas que, seguramente, nos trará outras mais. A proposta de pensar a relação centro e periferia é produtiva? Mas o que ela deve realçar? A constância dos fenômenos para demonstrar sua importância? O funcionamento de um sistema? A simetria regular que constitui a disposição entre seus elementos? Os processos governados por padrões nascidos no centro? Ou, ao invés disso, os processos de disputa constituído em relações que não cessam de se opor e de reconstituir na história? Os processos interrompidos, as fraturas no modelo, as travas na engrenagem, as pequenas rupturas e reajustes? Deveríamos falar do caráter gerador e da centralidade do que se pensou periférico?

Porém, é preciso sempre lembrar sobre as interpelações do real em nossos discurso. Fragmento é também a palavra culta que indica, nos laudos, a causa mortis da bala "perdida" no alvo jovem negro em movimento nas ruas das cidades brasileiras. O fragmento permuta isso por aquilo, compondo novos "objetos".

Ou melhor, os fragmentos teóricos e os fragmentos das balas são a máscara da Criminologia Latino-Americana. Refiro-me aqui a metáfora sobre o epistemicídio proposta por Grada Kilomba, em Memórias da Plantação: Episódios de Racismo Cotidiano (2019), ao refletir sobre a históras que ouvia sobre a "a máscara que a Escrava Anastácia era obrigada a usar". A "brutal máscara do silenciamento", usada pelos senhores de escravos para garantia de um "silêncio brutal" nos permite considerar como compomos uma cena na qual os personagens surgem "como as vítimas passivas" de seu destino. A materialidade do simbólico e da representação dos espaços da branquidade somente podem ser compreendidos na medida em que retomamos a historicidade de constituição desses espaços.

A construção de uma Criminologia Latino Americana é, por muitas razões, associada a palavras como fragmentos, pedaços, restos, impossibilidades. A língua da sala de aula revela, mesmo quando guarda aspectos relevantes para compreensão de nossa realidade, dimensões simbólicas que possuem a materialidade da mesma máscara. Há algo de "eu não estou conseguindo respirar" subjacente ao enunciado acadêmico. O campo científico não se constitui à moda europeia nas trocas acadêmicas e de favores nas instituições judiciais. O campo da Criminologia é um campo de guerra. E apenas iniciamos a dura reflexão sobre "nosso" lugar na cena. O heroísmo da Criminologia Latino-Americana parece ser, no momento, um fragmento importante na construção de novas possibilidades de enunciação.

As tentativas de produzir a sua autonomia do campo científico, porém, naufragam nos limites dos fragmentos de balas perdidas que atravessam as paredes. Os fragmentos das balas perdidas precisam estar alojadas no coração de todas as pessoas que ousam falar em nome de uma ciência num país como o Brasil.

Agora, quando termino essa apresentação, às vésperas do dia da Consciência Negra, num supermercado de uma cadeia internacional de comercio varejista, João Alberto Silveira Freitas, mais um homem negro, é espancado até a morte por um segurança terceirizado e por um policial temporário.

No campo de guerra, esse livro é um esforço sério para lidar com os fragmentos dessa realidade que está estilhaçando as fronteiras desumanas da ciência normal.

Rio do Sul, Santa Catarina, 2020.

EVANDRO PIZA DUARTE

Professor de Criminologia e Processo Penal na Universidade de Brasília (UnB)

LYRA FILHO, Roberto. Criminologia Dialética. Rio de Janeiro: Borsoi, 1972.

HARVEY, David. A loucura da razão econômica. São Paulo: Boitempo, 2018.

LOMBROSO, Cesare. O Homem Delinquente. São Paulo: Ícone, 2013.

Zaffaroni, Eugenio Raúl. Criminología: aproximación desde un margen. Bogotá: Temis, 1988.

PIRES, Thula. Direitos humanos traduzidos em pretuguês. In: Seminário Internacional Fazendo Gênero 11 & 13th Women's Worlds Congress, 2017, Florianópolis. [Anais]

PRANDO, Camila. A criminologia crítica no Brasil e os estudos críticos sobre branquidade. Revista Direito & Práxis, vol. 09, n. 1, 2018, p. 70-84.

FLAUZINA, Ana Luiza Pinheiro; DA SILVA FREITAS, Felipe. Do paradoxal privilégio de ser vítima: terror de Estado e a negação do sofrimento negro no Brasil. Revista brasileira de ciências criminais, n. 135, p. 49-71, 2017.

BRITO, Maíra de Deus. História de vida de mães que perderam os filhos assassinados: "uma dor que não cicatriza". 2017. 102 f., il. Dissertação (Mestrado em Direitos Humanos e Cidadania) - Universidade de Brasília, Brasília, 2017.

KILOMBA, Grada. Memórias da plantação: episódios de racismo cotidiano. Editora Cobogó, 2019.

"Quanto vale a minha alma,

se eu disser que a minha pele é negra?

Quanto vale a minha pele,

se eu disser que a minha alma é negra?"

(coisas de Deus – Dazaranha)

INTRODUÇÃO

CRIMINOLOGIA DA DEPENDÊNCIA E A VIOLÊNCIA DESDE UMA PERSPECTIVA DA CONTRATENDÊNCIA DA DIALÉTICA MATERIALISTA NO CAPITALISMO PERIFÉRICO

Durante o estudo realizado para a tese de doutoramento, acerca da formação da criminologia na América Latina, enquanto um projeto próprio para a questão criminal, pôde-se constatar que a história da região latino-americana, e, sobretudo brasileira é atravessada por dois elementos que são fundamentais para a compreensão da nossa constituição como ser social, marginal e periférico: a violência da prisão – entendida essa em sentido amplo, como dinâmica de controle social sociometabólico (HARVEY, 2018), que assume diversas formas e finalidades, de acordo com as necessidades políticas, dentro de determinada estrutura social. E também, a questão racial e todo o processo de conformação da estrutura societária latino-americana e brasileira, a partir da segregação de classe e raça[1], que se apresenta também de diversas formas ao longo do processo histórico.

E é justamente nesse atravessamento histórico e sociopolítico que se encontra energia para a realização de um estudo de maior fôlego, ainda que esse esforço esteja fora dos critérios avaliativos das agências de fomento e pesquisa baseadas em critérios quantitativos.

Pretende-se contribuir com a análise acerca da nossa realidade social marcada pela violência estrutural e institucional como aponta Rosa Del Olmo (1979), e que, como a própria autora provoca (ou evoca) em sua clássica obra América Latina e sua Criminologia (2004) – recontar a

---

[1] Deve-se inserir também a questão de gênero, outro fator que perpassa a formação sociopolítica capitalista latino-americana, mas que não será objeto nesse trabalho, carecendo de atenção própria, o que foge do escopo desse trabalho.

história latino-americana desde o marco da teoria da dependência, o que já havia motivado perquirir os elementos identificadores da criminologia latino-americana no capitalismo dependente (LEAL 2018), e que agora impulsiona a desvendar a intrínseca relação entre a prisão e o racismo que se constituem como estruturas institucionais centrais na organização social latino-americana e brasileira.

Ao avançar nos estudos de economia política da pena, buscando compreender a realidade e funções desempenhadas pela prisão, surge a indagação, de que função a prisão tem cumprido no neoliberalismo, diante do abandono do ideário reabilitador no início do século XXI? E ao refletir acerca de tal problema de pesquisa, chega-se a uma hipótese geral de que as explicações da velha economia política da pena, desenvolvida para explicar as funções, mormente ocultas, desenvolvidas pela prisão na organização social capitalista, não dão mais conta da realidade multifacetada e ramificada (complexa e múltipla) das dinâmicas de controle social assumidas na modernidade neoliberal.

Denomina-se de velha economia política da pena, não no sentido de diminuir sua contribuição, que foi e é fundamental para compreender o processo de edificação, tanto física como cultural e política da prisão enquanto instituição central dentro do modelo societário capitalista moderno, pretensamente humanitário; mas sim no sentido de estabelecer uma diferenciação e sobretudo a necessidade de alertar para uma construção analítica de revisão e resgate dos fundamentos de uma (nova) economia politica da pena atenta às transformações ocorridas no decorrer do desenvolvimento das políticas e da racionalidade neoliberal (LAVAL; DARDOT, 2016) após os anos 80 do século XX.

Como hipótese específica, tem-se que o sonho ou ideal *Benthamiano* de fazer a prisão produtiva, e, sobretudo, lucrativa se concretiza no momento de aprisionamento em massa e trabalho carcerário terceirizado do neoliberalismo e na região marginal de capitalismo dependente, no qual vige o Estado de Polícia, como denominam Eugenio Raul Zaffaroni e Nilo Batista (2003). O que permite a construção incessante e infindável de um exército de mão de obra precária, barata e submissa, que se constitui em verdadeira reabilitação da escravidão (GORENDER, 2016), ou, como se tem chamado, *new slavery* (ALEXANDER, 2018); e no qual o encarceramento deixa de ser um problema social em si, ou mesmo, sintoma de outras problemáticas, mas torna-se investimento.

Nesse sentido, esse trabalho visa aportar um contributo teórico desde a intersecção da economia política da pena e das teorias raciais tendo em vista a intrínseca relação entre a prisão e os negros escravizados na história brasileira. Mas a partir disso surge a dificuldade de como pensar a conjugação destes dois campos de análise e suas especificidades analíticas?

Assim, um trabalho que foi fundamental para começar a pensar esse estudo é *A dialética invertida: e outros ensaios* de Emília Viotti da Costa (2014), no qual proporciona alguns elementos de ordem metodológica para pensar a interseccionalidade, entre prisão – em sentido estrito –, e sua relação histórica com a ideologia capitalista do trabalho e as relações racializadas que perpassam as relações e o controle social desde o fim do período colonial até o neoliberalismo, moldando a punição de acordo com suas necessidades políticas de gestão da região marginal como definira Zaffaroni (1991).

Viotti da Costa (2014) aponta a sobrevalorização e utilização da microfísica das relações e do poder, deixando-se de lado da macrofísica das estruturas, ocasionando o desvelamento de diversas questões que estavam encobertas, e com isso a importância do local de fala e da narrativa do sofrimento humano enquanto fragmento; mas também aponta que

> A análise das falas dos personagens é apenas o primeiro passo para a identificação das questões que precisam ser esclarecidas antes mesmo que se possa entender essa fala. É preciso ir além da subjetividade do escravo, pois esta é constituída a partir das condições objetivas, algumas das quais remetem a condições de vida nas sociedades africanas, outras à Inglaterra do século XIX, e outras ainda às condições locais, à demografia da Colônia (VIOTTI DA COSTA, 2014, p. 127)

Na perspectiva proposta pela autora que esse trabalho busca remontar as estruturas políticas e conceituais que ligam o racismo e prisão/trabalho como elementos fundamentais da organização social latino-americana e brasileira, e, que se apresentam como condicionantes objetivos da formação social periférica, que ela trata como dialética invertida, na medida em que talvez (e somente no plano hipotético) não contemplasse a questão racial – a colocando em detrimento do elemento classe como polo subalterno fundador das relações sociais duais e conflituosas da Europa, na qual e para a qual fora desenvolvida na literatura *marxiana*.

A isso que Jacob Gorender (2016) chamaria de pecados do Marxismo, referindo-se a falta de atenção a questões culturais na formação da ideologia e consciência de classe. Assim como, também chama de miragens do anti-marxismo referindo-se à suposta inexistência de atenção e foco na questão racial, que se perderia nas relações de classe (economicismo analítico-marxista). Discussão que será desenvolvida no decorrer deste trabalho, uma vez que está eivada de um equívoco interpretativo/analítico da própria base teórica marxista.

Para esse momento, importa salientar que se trabalha com uma perspectiva materialista de base marxista-marxiana para compreender as estruturas sob as quais se construíram as relações políticas e sociais na região marginal latino-americana e brasileira a partir do que Enrique Dussel chamou de Analética (ou ana-dialética) como sendo o momento analítico mais além da dialética, realizada pelo pensamento europeu novecentista.

Em síntese a condição de subalternidade como mão de obra (operária) que não dá conta da realidade de capitalismo marginal, porque não reconhece o "outro" latino-americano e brasileiro dentro do espectro de dominação e exploração/espoliação, pois, a mão de obra não compreende a totalidade latino-americana de povo oprimido.

Como escreve Dussel, "nós nascemos fora, e a temos sofrido. Abruptamente a miséria se transforma em riqueza" (DUSSEL, 1986, p. 197). E para efeito desse trabalho, a miséria se constitui em cárcere e o cárcere se volta na condição de trabalho espoliado, ou seja, na condição de acumulação de riqueza.

Nesta linha que se situa o marco teórico da Dialética da Dependência (DA SILVA; CARDOSO, 2018), que se dinamiza como uma dialética negativa (Luce, 2018), o que quer dizer, na região dependente latino-americana os processos sociais não contêm em si seu processo de negação, como a dialética marxiana, na medida em que, remontando a Ruy Mauro Marini (LUCE, 2018, p.21), atua uma dinâmica de contratendência dos movimentos do capital.

Assim escreve Mathias Seibel Luce,

> Uma série de contratendências que operam no modo de produção capitalista se veem modificadas, fazendo com que o momento da negação da negação compareça de forma menos radical e profunda no decurso do pôr dialética. Em nossa compreensão, essa dialética negativa se observa de forma eloquente sob as relações imperialistas de dependência (LUCE, 2018, p. 21)

Tendo em vista que do regime escravagista não decorreu o processo de libertação e irrupção, constituindo a classe trabalhadora; mas sim conviveram conjuntamente as duas relações e modos de produção a fim de ampliar o processo de acumulação primitiva e capitalista, e a solidificação da burguesia/oligarquia regional, com amplificação da acumulação.

Da mesma forma, da exploração do trabalho assalariado não decorreu o processo de luta e transformação das relações de produção, mas ao contrário, ressalta-se o aprofundamento do processo de exploração do trabalho convertendo-se em superexploração do trabalho como forma de inserção das realidades dependentes no mercado internacional.

A isso que Dussel (1986) propõe como a disjunção da dialética histórica na América Latina uma vez que o processo de acumulação capitalista não negou a condição colonial e seus traços de violência, mas sim, conviveram e se constituíram mutuamente desde uma economia (que Gorender chama de pré-capitalista [2016]), voltada para a exportação e acumulação e um modo produtivo baseado entre o escravismo, até o controle social que se mantém sob o uso de penas corporais, convivendo conjuntamente com a codificação das penas, ditas humanizadas e civilizadas de privação da liberdade.

Nessa linha, postula-se nesse trabalho a conjunção analítica da economia politica da pena desde uma perspectiva materialista da dialética negativa, e da dependência enquanto perspectiva latino-americana, pois, o arcabouço da criminologia crítica e toda sua contribuição para o entendimento dos processos de criminalização, e as teorias raciais, a fim de compreender como o controle penal se estrutura na organização social capitalista marginal.

Na medida em que se conjugam enquanto mecanismos históricos de violência estrutural (pobreza e marginalização) e institucional (violência das agências de controle), mediante a estabilidade proporcionada pelo uso da prisão.

Nesse sentido que, como procedeu Jacob Gorender (2016) em "O Escravismo Colonial", realizando o que se pode colocar como uma economia política da economia escravista brasileira, demonstrando a complexidade da formação social brasileira, que imbrica distintos modos de produção e relações produtivas, mesclando relações e modo capitalista de produção, com relações e modos coloniais escravistas no seio da mesma formação social complexa.

Busca-se nesse trabalho contribuir com aportes para uma economia política do cárcere na formação social brasileira, demonstrando a sua centralidade na estrutura social periférica e colonial, e como o cárcere em sentido alargado se encontrava no centro da organização escravista.

Assim como, no século XXI e em meio ao neoliberalismo a instituição prisional se coloca como fundamental para os (des)caminhos da exploração. E para esse fim é necessário atravessar a discussão racial como um elemento que historicamente têm ligado determinados segmentos sociais e mediado sua relação com as instituições.

Nessa medida, busca-se resgatar o caráter de exterioridade da exterioridade do povo latino-americano enquanto categoria analítica, que se manifesta como negação histórica que inclui (exclui) os rostos negados da modernidade colonial dos negros, dos índios, das mulheres, dos marginais, (LUCE, 2008) – ou seja, dos ombros, nos quais, em grande medida, se carregou o desenvolvimento, a acumulação e a estruturação da organização social capitalista da região marginal latino-americana e brasileira.

Entende-se que prisão se apresenta como o grande monumento da exploração e da violenta dominação construída pela sociedade moderna pós século XVIII e sua manutenção e ampliação no século XXI. Nada mais é do que a legitimação dessas relações desiguais e de superexploração.

Em se tratando de sociedade moderna e capitalista, o discurso racista vem e vai, mantendo-se mais aberto ou latente; assim como o discurso machista em maior ou menor medida se apresenta perene; ao passo que as demandas e políticas por inclusão socioeconômica tem maior ou menor aceitação em diferentes conjecturas; a prisão sempre esteve lá como uma estrutura fundamental ao modelo de sociedade fundado no capital, em todos esses momentos e conjecturas para mediar essas relações e servir de repositório/depósito da nossa miséria, do nosso ódio, do nosso racismo, do nosso machismo, dos nossos relegados de cada dia, mantendo-se a dinâmica de exclusão/segregação como resposta social e cujo sistema econômico sempre soube capitalizar muito bem, material e ideologicamente.

Por isso esse trabalho se pretende como manifesto anti-prisional, pois como aponta Nils Christie no livro *A Indústria do Controle do Crime*, somente uma formação social que desconhece os horrores da prisão, pode creditar a transformação da sociedade à passagem pela prisão, ou ainda como aponta Angela Davis (2018), tendo em vista que a prisão contém nela todas as marcas de uma formação social baseada na violência, no sofrimento e na exploração.

Esse livro inicia, em seu primeiro capítulo, abordando a questão racial e seu processo colonial violento de produção escravista, analisando a produção escravizada como trabalho desde a literatura marxista, e como forma originária de acumulação, que permitiu a formação da elite dirigente local. Assim como, seus mecanismos de violência, desde os instrumentos de controle social aos seus discursos justificadores, que buscavam legitimar a realidade social segmentada.

Como se verifica no classicismo pretensamente humanitário, assim como o aporte positivista que se presta a justificar a violência institucional e estrutural em sua pretensa neutralidade atrelada à ciência racista do século XIX-XX.

No segundo capítulo, faz-se um resgate do processo de desenvolvimento capitalista dependente brasileiro, e, dentro dessa estrutura social, como se coloca de maneira fundamental a estrutura de controle social da classe trabalhadora baseada na perspectiva da reabilitação. Bem como, um resgate da crítica radical ao sistema penal desde uma matriz abolicionista em sua vertente materialista, formulada por Thomas Mathiesen (2003), no sentido de demonstrar que o discurso legitimante não se faz uníssono e não ecoa sem resistência e alternativas.

Para, no terceiro capítulo, abordar-se justamente como o modo de produção capitalista e o controle social das classes marginalizadas caminham de mãos dadas, chegando ao período neoliberal enquanto sublimação da barbárie da acumulação sintetizada em uma racionalidade social que tem, como um dos seus pilares instrumentos cada vez mais aprimorados de controle, a segregação e a exploração do trabalho (forças produtivas e relações de produção novamente privados da liberdade).

Em síntese, esse trabalho de investigação visa propiciar a intrincada relação entre a prisão em sentido alargado como síntese do controle social e o modo de produção capitalista dependente, estando estas estruturas materiais e conceituais no centro da organização social latino-americana e brasileira enquanto formação social periférica.

CAPÍTULO I.
A PENALIDADE COLONIAL: A FUNÇÃO DO CONTROLE SOCIAL NAS ORIGENS DA INSTITUCIONALIDADE MODERNA LATINO-AMERICANA E BRASILEIRA

1.1 *LIBERALISMO ILUMINISTA DESDE A PERSPECTIVA DO PACTO COLONIAL E A SEGURANÇA DO CLASSICISMO NAS MARGENS DA CIVILIZAÇÃO*

1.2 *O CONTROLE SOCIAL E A PRISÃO NA GÊNESE DA FORMAÇÃO SOCIAL LATINO-AMERICANA*

1.3 *A ANORMALIDADE DO POVO LATINO-AMERICANO: a gestão positivista da política e dos corpos*

> *O trabalho de pele branca não pode se emancipar onde o trabalho de pele negra é marcado à fogo (Karl Marx)*

Para se chegar a criminologia da dependência como uma ferramenta teórica apta a contribuir com a compreensão da realidade sociopolítica latino-americana e brasileira contemporânea, se faz necessário resgatar a compreensão sócio-histórica da prisão enquanto estrutura central da organização social marginal latino-americana.

Mais do que remontar aos elementos da criminologia, já tão bem delineados por diversos autores e obras[2], nesse primeiro momento do

---

2 Tais como e de maneira exemplificativa: Criminologia da Reação Social (Aniyar de Castro, 1983), A Questão Criminal (Zaffaroni, 2013), Em Busca das Penas Perdidas (Zaffaroni, 1991); Teorias Criminologicas (Larrauri; Moline, 2001); História dos Pensamentos Criminológicos (Anitua, 2008); A América Latina e sua Criminologia (Del Olmo, 2004), Criminologia da Libertação: a construção da criminologia crítica latino-americana como teoria crítica do controle social e a contribuição desde o Brasil (Leal, 2018).

presente trabalho se enfrenta outra discussão que é: o trabalho escravizado se constitui em trabalho?

Tal problemática que se encontra no centro da discussão acerca da formação socioeconômica brasileira, já tendo tido diversas compreensões, desde que, o trabalho escravizado não se apresenta como trabalho, até a compreensão de que, o Brasil não se constituiria em um país capitalista, mas sim em uma forma semi-feudal de produção.

Essa discussão transcende sua relevância na medida em que coloca alguns elementos que são fundamentais para o presente trabalho.

Compreender a formação social brasileira como uma nação de estratificação racializada, em que se verifica uma diversificada dinâmica de super-exploração da força de trabalho, e no qual, a prisão em última instância, e as estruturas jurídico-penais e institucionais, exercem uma função de mediação em uma organização social em que a violência (institucional e estrutural) é intrínseca ao seu projeto de desenvolvimento.

Assim, os pensamentos criminológicos aparecem como perfazendo e atravessando os diversos contextos socio-históricos da formação social brasileira e latino-americana, que se aborda buscando demonstrar a funcionalidade e centralidade da prisão na mediação entre as raças[3], as classes, o trabalho e a acumulação, no marco de uma formação econômica e cultural dependente e marginal.

No primeiro momento, enfrenta-se a discussão acerca do liberalismo que desembarca nestes trópicos e que se denomina de liberalismo mestiço tupiniquim.

---

3 Toma-se o termo raças, a partir do discurso que se propõe científico do positivismo criminológico como constructo pretensamente apto a diferenciar distintos segmentos e grupos humanos, que permitiu justamente a segregação e tratamento desumanizante a partir da ideia de raças inferiores, ou inferiores níveis de desenvolvimento a que se atribuiu a determinados sujeitos, como se pode ler em Criminologia & Racismo de Evandro Piza Duarte (2011), ou também em Lilia Moritz Schwarcz na obra O Espetáculo das Raças (1993).

1.1. LIBERALISMO ILUMINISTA DESDE A PERSPECTIVA DO PACTO COLONIAL E A SEGURANÇA DO CLASSICISMO NAS MARGENS DA CIVILIZAÇÃO

Nesse primeiro momento, e desde uma perspectiva materialista *decolonial*, proporcionada por Domenico Losurdo (2006; 2018), pode-se repactuar o liberalismo latino-americano desde sua concretude material nas margens da civilização ocidental.

Sendo um dos autores marxistas a se preocupar mais detidamente a discussão do liberalismo e da organização social burguesa, desde a violência estrutural, inicia já no primeiro capítulo do livro *Contra-história do Liberalismo* com a pergunta – o que é o liberalismo? um conjunto de perguntas constrangedoras (LOSURDO, 2006, p. 13).

No sentido de demonstrar que o discurso liberal iluminista burguês não passou de um processo de transferência da hegemonia – política, econômica, social e cultural –, e como esse processo se deu. Não sem diversas contradições, ou constrangimentos como Losurdo (2006) denomina.

Nessa linha, é senso comum de que o alvorecer da sociedade moderna estaria fundado na liberdade e igualdade desde a compreensão justamente da sociedade burguesa, que Losurdo tratou como *totalidades com características singulares* (2006), mas como demonstrou Michel Miaille (2005), apresentam meramente a superfície (discursiva) do que realmente representam enquanto essência e concretude social.

Como já se trabalhou em outro momento (LEAL, 2014, p190-91), e remontando a Michel Miaille (2005), o discurso liberal exerceu duas primordiais funções: que se exprime em dois sentidos fundamentais, primeiro a de ocultação e o segundo de arma de combate.

Primeiramente, pode-se denominar de um processo de liberação de toda a ideologia liberal e a produção de sentidos alinhados com o modo de vida burguês, orientado desde a totalidade da estrutura capitalista. Forja-se a ideia de liberdade e autonomia da vontade, que há de ser o elemento fundamental desde a ficção que separa o direito privado do público, sendo para o direito privado a base da capacidade jurídica de contratar, e para o direito público, a sujeição do sujeito à soberania do direito de punir mediante a definição de culpabilidade (desde a compreensão de livre arbítrio).

Como aponta Lynn Hunt (2009), era preciso sedimentar a ideia de que os direitos e as definições em torno dos conceitos da novíssima sociedade liberal e capitalista eram naturais, inatas, intrínsecas ao sujeito humano (ou ao homem), e sequer precisavam ser discutidas politicamente, pois eram realidades auto-evidentes – ainda que tenham sido, no que diz respeito a seus contornos, extensão, limites e efeitos – construídas artificial e muito utilitariamente, enquanto domínio de classe; ou, como demonstra Hunt:

> Embora consideremos naturais as ideias de autonomia e igualdade, junto com os direitos humanos, elas só ganharam influência no século XVIII. [...] "A nova perspectiva que surgiu no fim do século XVIII", afirma ele, "centrava-se na crença de que todos os indivíduos normais são igualmente capazes de viver juntos numa moralidade de autocontrole." Por trás desses "indivíduos normais" existe uma longa história de luta. No século XVIII (e de fato até o presente) não se imaginavam todas as "pessoas" como igualmente capazes de autonomia moral. Duas qualidades relacionadas mas distintas estavam implicadas: a capacidade de raciocinar e a independência de decidir por si mesmo. Ambas tinham de estar presentes para que um indivíduo fosse moralmente autônomo. Às crianças e aos insanos faltava a necessária capacidade de raciocinar, mas eles poderiam algum dia ganhar ou recuperar essa capacidade. (HUNT, 2009, p. 26)

Nesse sentido complementa Miaille (2005), acerca do nascimento (criação) do homem moderno e toda sua estrutura de valores sociais e crenças ditas naturais, de igualdade e liberdade que se difundiram no final do século XVIII; e, portanto, em nada tinham a ver com a construção artificial de uma organização social classicista e a edificação de seus valores como universais e cristalizados.

No centro da dessa organização – o Estado e o sistema jurídico – que precisavam ser compreendidos como realidade auto-evidente e intrínseca à organização humana, naquele dado estágio de desenvolvimento das relações, e, para gerir determinado estágio da capacidade produtiva.

Assim escreve Miaille,

> é o direito do homem egoísta, da sociedade burguesa fechada sobre seus interesses. Esquecendo os homens concretos, ele limita-se a proclamar princípios que não tem, excepto para a burguesia, qualquer espécie de realidade. (MIAILLE, 2005, p. 191)

O que leva ao segundo ponto, das funções do discurso liberal – o de arma de combate. A partir do discurso da naturalidade e imanência (auto-evidência), suas concepções se constituíam em uma representação da realidade social, para além de um mero constructo ideológico.

Erigindo-se enquanto determinação da representatividade dos grupos sociais, o que permitiu o processo de transformação/criação de determinada realidade social, eclodindo nas revoluções liberais e com a conformação de uma nova organização política, econômica e moral.

Em síntese, a totalidade material e conceitual liberal capitalista foi capaz de encobrir o grupo social que herdaria (por natureza das coisas) a estrutura social, na novíssima organização e também, fazer crer que a mesma seria para todos os grupos sociais, indistintamente; representaria a todo e qualquer indivíduo desde o conceito genérico e abstrato de sujeito de direito.

Nessa medida representam uma falsa retórica silogística encoberta em sutilezas linguísticas e discursivas, que foi capaz de viabilizar uma transformação estrutural e uma virada societária, na qual, nem todos estavam incluídos.

Como pode-se ver já em Locke, pai do liberalismo inglês, senão uma defesa da escravidão, pelo menos uma postura bastante licenciosa com relação ao trabalho das pessoas tidas como inferiores,

> Confesso que encontramos entre os *hebreus,* bem como em outras nações, homens que se vendiam; porém, e isto está claro, apenas para o trabalho servil, não para a escravidão pois é evidente que a pessoa vendida não estava submetida a um poder absoluto, arbitrário e despótico. O senhor não podia ter o poder de mata-la a qualquer momento e estava obrigado a liberta-la de ser serviço, depois de um certo tempo. E o senhor de tal servo estava tão longe de ter poder arbitrário sobre a vida dele que não podia mutila-lo a seu bel prazer (LOCKE, 1998, p. 404-05).

Chama a atenção o retórico silogismo em relação ao escravismo que inverte os polos da relação, em nome da autonomia do homem liberal burguês, e da disposição da vontade, da afirmação do livre arbítrio, que seria tão importante para o classicismo, e que permite tornar a pessoa escravizada, que foi submetida forçosamente a uma específica condição de vida e de trabalho, em alguém que optou por vender-se e submeter-se livremente à condição de objeto.

Tudo em nome de uma pretensa coerência, produção de uma organicidade material e conceitual em torno da liberdade e do livre-arbítrio[4].

Nesse contexto permite passar a falar do classicismo em Cesare Beccaria, prócere do direito penal liberal e do humanismo punitivo com a obra Dos Delitos e das Penas (1764), marco fundacional do Direito Penal Moderno, que mais tarde seria definido como classicismo enquanto corrente de pensamento *jusfilosófico-penal*.

Assim, o classicismo que se apresentava muito mais como uma determinada e heterogênea compreensão do mundo e da vida social do que propriamente uma escola, e que abarcava diversas correntes, desde contratualistas, jusnaturalistas e utilitaristas, sob alguns elementos que se lhes pode atribuir como comuns, tais como:

(1) crença no livre-arbítrio, como a construção afinadamente liberal e com fundamento jurídico-filosófico de auto-determinação da ação e da abstenção comportamental, motivada unicamente pela sua autoconsciência e racionalidade;
(2) supremacia da lei, como uma pretensa estrutura jurídica igualitária a proporcionar segurança jurídica, prevendo as condutas (ação e omissão) permitidas ou não proibidas e as consequências estrita para cada violação;
(3) humanização das penas, a construção teórica legitimadora que erige a privação da liberdade dentro da sociedade liberal capitalista como sendo a penalidade por excelência como manifestação da benfazeja humanidade ocidental burguesa em oposição à brutalidade do *ancient regime*;
(4) retribucionismo, que naturaliza o código de valores e condutas da sociedade moderna burguesa em uma perspectiva consensual por meio do contrato social e a partir dele fundamenta a penalidade desde uma postura retribucionista como ofensa ao contrato que é entendida como uma ação livre e deliberada que fundamenta o poder de punir a fim de negar a negação do contrato social e assim restituir sua integridade (LEAL, 2017);

---

4 Identifica-se o discurso liberal classicista não somente sobre a questão do racismo e do escravismo enquanto modo de produção aceito, mas também em meio a um intenso processo colonialista de invasão e subjugação das terras desconhecidas, e sobretudo dos povos inferiores, mediante a realização de um mandado divino como afirma Locke(1998), nesse sentido Domenico Losurdo se reporta ao pai do liberalismo sobre a questão dos índios: "Repetidamente o *Segundo Tratado* faz referência ao *índio selvagem* (*wild Indian*), que ronda *ameaçador e letal nas florestas da América* ou nas *florestas virgens e incultos campos da América* [...] Além do trabalho e da propriedade privada, os índios ignoravam também o dinheiro: de modo que eles resultam não apenas alheios à civilização, mas também não *associados ao resto da humanidade*. Pelo seu próprio comportamento, tornam-se objeto de uma condenação que não deriva só dos homens: sem dúvida, *Deus prescreve o trabalho* e a propriedade privada, não pode certamente querer o mundo por ele criado permaneça *para sempre informe e inculto*" (LOSURDO, 2006, p. 36).

Com efeito, em outro momento se trabalhou acerca da utilidade só-cio-histórica do classicismo para o paradigma societário burguês capitalista, edificado sobre o moderno sistema de responsabilização com base da liberdade individual, de penas e interdições, que exerceriam valiosas funções desde (a) os indivíduos sobre os quais se projeta, (b) a quantificação do sofrimento humano, (c) modelagem do corpo e a alma do novo cidadão, (d) a incapacidade técnico-mecânica do direito reduzido à sua função legitimadora da estrutura social[5].

Sobre os elementos (b) e (c), a discussão se desenvolve no tópico seguinte, quando se aborda a economia política da pena e do cárcere, na formação da organização social capitalista central.

Acerca do primeiro elemento, pode-se dizer que os novos critérios de diferenciação e tratamento, pretensamente racionais, e não mais natura-lísticos, com pretensão de edificar uma estrutura de garantais e segurança, proporcionados em uma suposta supremacia e obrigatoriedade da lei, nada mais fez do que erigir, sobre novas bases e distintos critérios, o funciona-mento da violência estrutural – pobreza, desigualdade, repressão e explora-ção – como se permite ler, junto ao pai fundador do direito penal moderno:

> Os homens escravos são mais voluptuosos, mais libertinos e mais cruéis do que os homens livres. Estes meditam sobre as ciências e sobre os interesses da nação, veem os grandes objetos, e os imitam, mas naqueles, satisfeitos com o dia presente, procuram, no tumulto da libertinagem, uma distração para o aniquilamento em que se encontram. Afeitos à incerteza em tudo, o êxito dos seus crimes torna-se-lhes problemático, favorecendo a paixão que os determina. Se a incerteza das leis incide sobre uma nação indolente pelo clima, mantém e aumenta a indolência e a estupidez. (BECCARIA, 2013, p. 137)

Em síntese, pode-se dizer que o humanismo, enquanto estrutura de salvaguarda dos valores e da sociedade, permitia uma organização dividida entre valores e pessoas – propriedade privada e liberdade de mercado – para os quais funciona o sistema de garantias; de outro lado, contra as quais se volta toda uma superestrutura de opressão, seja pela forte desigualdade (legalizada, naturalizada), seja pela força da repressão penal e do trabalho forçado. Daí se exprime a caracterís-tica mais marcante do classicismo.

---

5 Sobre esse elemento remete-se a outro trabalho em que foi objeto a monopoli-zação da resolução de conflitos mediante a centralização e monopólio da violên-cia, ver: LEAL, Jackson. O paradoxo na História do Poder Punitivo Moderno: entre a pretensão sistematizadora e a manifestação usurpadora e totalitária. In: revista Metis: História& Cultura. v.13 n.26 pp. 203 e ss.

Retorna-se novamente a Beccaria, apontando o tratamento dispensado em relação aos indivíduos que atentam contra o direito natural da propriedade alheia; e, sem querer, no auge de suas boas intenções, acaba por assumir/antever a proximidade do trabalho, da prisão e da escravidão reabilitada como denominaria Jacob Gorender (2016a):

> Quem procura enriquecer a custa alheia deve ser privado dos próprios bens, mas como habitualmente esse é o delito da miséria e do desespero, o delito daquela parte infeliz de homens a quem o direito de propriedade (direito terrível e talvez desnecessário) não deixou senão uma existência de privações; mas como as penas pecuniárias aumentam o número dos réus mais do que o número dos delitos, pois que, ao tirar o pão dos criminosos, acabam tirando-o também dos inocentes, a pena mais oportuna será então a única forma de escravidão que se pode chamar justa, ou seja, a escravidão temporária dos trabalhos e da pessoa a serviço da sociedade comum, para ressarci-la, com a própria e total dependência do injusto despotismo exercido sobre o pacto social (BECCARIA, 2013, p. 83).

Trazendo esse classicismo humanista e garantidor para a realidade latino-americana e brasileira – nas margens da civilização ocidental –, se faz imensamente interessante a contribuição de Ricardo Alexandre Ferreira (2011) que realizou uma pesquisa acerca da punição criminal de escravos e ex-escravos no Brasil no Século XIX, na região do interior de São Paulo.

Demonstrando como a aplicação de uma pena criminal diferia muito pouco, ou não diferia em nada, da realidade vivida pela sua própria condição de vida em cativeiro. Nesse contexto a aplicação de uma pena de prisão ou galés, poderia muitas vezes ser até preferível, em comparação às duras jornadas de trabalho nas *plantations* do trabalho escravizado brasileiro naquele século e toda a condição de vida a que era submetido o exército de mão de obra negra importada/sequestrada da África.

O que os estratagemas linguísticos *Lockeanos* poderiam chamar de trabalho servil na Europa, na América Latina, nada mais era do que uma prática de bestialização do que se entendia por classes inferiores, mediante o trabalho e o mais duro e desumanizante tratamento. Como Ferreira escreve, "no Brasil dos oitocentos, a escravidão e a liberdade [do capital] se interpenetravam". Fazendo da realidade brasileira, e de grande parte da latino-americana, uma sociedade de um liberalismo utilitário e um capitalismo escravocrata – o que necessita de uma abordagem mais explicativa.

Na linha proposta pelo autor, permite-se apontar que o classicismo brasileiro e latino-americano não protegia os sujeitos (escravizados) do arbítrio estatal, mas sim, servia para proteger e fornecer segurança, eminentemente patrimonial, do qual inclusive os escravizados faziam parte (FERREIRA, 2011).

Como narra o autor, a luta dos proprietários contra a aplicação de uma eventual pena de morte ou mutilação a um escravizado, nada mais era do que um dano patrimonial e prejuízo para o senhor; sendo que a proteção proporcionada pelo classicismo penal liberal servia a esse interesse, e por via transversa, a um suposto processo de humanização das penas (FERREIRA, 2011).

A partir disso, cumpre resgatar a discussão acerca do trabalho escravizado no Brasil novecentista, seguindo uma pista fornecida por Frantz Fanon, "los análisis marxistas deben modificarse ligeiramente siempre que se aborda el sistema colonial. Hasta el concepto de sociedade precapitalista, bien estudiado por Marx, tendría que ser reformulado" (1983, p. 19), tendo em vista que a discussão em torno de, se o Brasil teria vivenciado um sistema socioeconômico capitalista ou não, ou ainda, se o trabalho escravizado se constituiria em trabalho no sentido marxista, ou não.

Jacob Gorender, por sua vez, adota a concepção de que o caso brasileiro seria de um regime especialíssimo de escravismo colonial (2016b), portanto de um modo de produção não capitalista.

Ao mesmo tempo, fornece alguns elementos interessantes, apontando a economia e as relações de produção brasileira como um todo complexo, no qual se dividiam, desde o escravismo patriarcal – voltado para a satisfação das necessidades da casa grande (e produção de valores de uso) –, também o escravismo mercantil, voltado para a produção-exportação (voltado a produção de valores de troca, mediante extração de mais-trabalho), ou ainda, venda e acumulação de lucro pelo senhor, e os chamados negros de ganho, que eram autorizados pelos seus senhores a venderem parte da sua força de trabalho, mediante pagamento de determinadas somas, que lhe pertenciam e podiam ser acumuladas (guardadas para comprar a própria alforria) (GORENDER, 2016b).

Esse trabalho se propõe a resgatar a discussão e reflexão em torno da relação capital-trabalho, com vistas a pensar a realidade brasileira do século XXI, em que cresce a existência de um contingente de mão de obra que também não detém sua liberdade de contratar – a mão de obra prisional (ainda que em um sentido distinto do oitocentista).

Nessa perspectiva, trabalha-se com uma ideia de capitalismo colonial, como uma etapa anterior ao capitalismo industrial, no sentido de tentar fazer jus a materialidade concreta da sociedade brasileira inserida no mercado internacional já no século XIX, quando ainda convivia com a lógica colonial de produção baseada no escravismo.

De outra maneira, estaria desconsiderando o trabalho escravizado na formação do capitalismo latino-americano, e, sobretudo brasileiro? Todo processo de acumulação originária proporcionada pelo trabalho – sangue e suor – da mão de obra africana importada como mercadoria e sequestrada como corpo negro? Trabalho que permitiu a formação de uma oligarquia exportadora e que colocou no mercado internacional, praticamente, todas as mercadorias provindas da região colonial?

A necessidade de trabalho *livre* e *remunerado* para configuração do modo de produção capitalista não estaria desconsiderando a questão racial, colonial e de gênero; que foram fundamentais e marcantes para a formação do modo de produção capitalista brasileiro, marcado em toda a sua extensão pelo controle social, direto ou indireto, sobre a classe trabalhadora; sendo ela livre ou não?

Ainda que nem todo escravo produzisse mercadorias, como no escravismo patriarcal (GORENDER, 2016b), ou que, as mulheres escravizadas estivessem eminentemente ligadas ao cuidado da casa grande e seus senhores, e, portanto, não fossem remuneradas, não seria trabalho?, desde uma perspectiva da divisão sexual e materialista do trabalho, e, de toda discussão de gênero acerca do trabalho reprodutivo (FEDERICI, 2019)?

Retomando Marx, o mesmo aponta como condição para haver força e relação de trabalho:

> Para vendê-la [a força de trabalho] como mercadoria, seu possuidor tem de poder dispor dela, portanto, ser livre o proprietário de sua capacidade de trabalho, de sua pessoa. Ele e o possuidor de dinheiro se encontram no mercado e estabelecem uma relação mutua como iguais possuidores de mercadorias [dinheiro e força de trabalho] com a única diferença de que um é comprado e o outro vendedor, sendo ambas, portanto, pessoas juridicamente iguais (MARX, 2017, p. 242, *grifos do autor*)

Questiona-se, se a liberdade do trabalhador *livre* do capitalismo industrial, consistiria, efetivamente, em livre-determinação, ou, se seria apenas a resultante de um constructo jurídico, resultado das revoluções burguesas para atribuir um *status* jurídico e político aos senhores, ambos, desde um fundamento econômico, e proporcionando a homogeneização necessária à legitimidade da nova ordem social estratificada. Que proporcionou que os negros e mulheres continuassem sendo escravos e confinados ao lar e que os brancos, sem capital, se constituíssem em servilismo consumidor, diante do nascimento e avanço da sociedade industrial no capitalismo central. E, nas margens do capitalismo, as relações mercantis tivessem todas as marcas do sangue escravo na mercadoria?

Nesse sentido, Evandro Piza remontando a Cesare Beccaria, traz a imagem da liberdade clássica que se apresenta no sentido "que o cidadão que viola o pacto perde a liberdade e passa à condição de *besta de carga e que paga com trabalhos penosos os prejuízos que causou à sociedade*", tornando-se autenticamente um escravo da lei (DUARTE, 2011, p. 58).

Essa tem sido, historicamente, a interpretação dada (ou atribuída) à teoria *marxiana*, tornando-se, quase, um consenso marxista, de que o trabalho escravo não estaria inserido na lógica do capital, e sim, se constituiria uma etapa prévia de constituição do mesmo.

Entretanto, tem surgido, para além de dispares e esparsas interpretações divergentes, escritos resgatados do próprio Marx, que têm sido muito interessantes para repensar a questão, e estender luz sobre a discussão acerca da dinâmica de exploração do trabalho escravizado.

Como se pode verificar, no esforço de sistematização de Kevin Anderson, sedimentado nos escritos (muitos ainda não publicados-editados) de Marx e Engels, como cartas e publicações de jornais entre os autores, e que muitas se fizeram em meio a um intenso processo de transformação social, que permitem ver como Marx pensou questões como o colonialismo e escravização (ANDERSON, 2019).

E ainda, que se realize um processo – necessário – de adaptação ou atualização das categorias *marxistas* e *marxianas*, afinadas com a realidade sócio-histórica, e, sobretudo, contextual do capitalismo dependente.

Nesse sentido, Marcelo Badaró Mattos (2019), em recente e imprescindível obra, acerca da atualização da definição de classe, escreve:

Mais importante, porém, parece ser sua ênfase nas especificidades das relações de trabalho no Sul Global que envolveram não apenas proletários *livres como pássaros*, mas também formas relativamente mais compulsórias de exploração como a escravidão, também subsumidas à lógica da acumulação de capital. Dizemos mais compulsórias porque tomar o assalariamento como trabalho livre é sempre um exercício de abstração atravessado pela contradição (2019, p. 132-33).

Talvez seja essa atualização que permita a compreensão do capitalismo latino-americano e brasileiro, fazendo justiça à questão de gênero e raça, desde uma perspectiva pós-colonial e interseccional, e, entendendo a relação capital-trabalho, historicamente marcado por uma lógica de violência estrutural e institucional, produzindo uma estrutura de dominação com base em classe-raça-gênero e que tem na prisão seu centro de análise, que transborda no início do século XXI.

Fazendo ressurgir toda a discussão acerca das relações de produção e modo de produção em um contexto de capitalismo dependente e de superexploração da força de trabalho, na qual a institucionalidade do cárcere cumpre uma função central, mediante a liberdade (sua negação) e o trabalho (explorado).

Nessa linha Mathias Luce escreve, remontando a Ruy Mauro Marini,

> a superexploração do escravo, que prolonga sua jornada de trabalho além dos limites fisiológicos admissíveis e redunda necessariamente em esgotamento prematuro, por morte ou invalidez, somente pode acontecer se é possível repor com facilidade a mão de obra desgastada. (LUCE, 2018, p. 137)

Voltando a Marx, pode-se definir força de trabalho nos seguintes termos:

> Por força de trabalho ou capacidade de trabalho entendemos o conjunto das capacidades físicas e mentais que existem na corporeidade, na personalidade viva de um homem e que ele põe em movimento sempre que produz valores de uso de qualquer tipo (MARX, 2017, p. 242).

Nesse sentido, não há razão para a desconsideração do trabalho escravizado, enquanto etapa do projeto de desenvolvimento capitalista, sobretudo, na região marginal latino-americana; como o próprio Marx diz,

> o que diferencia as épocas econômicas não é 'o que' é produzido, mas 'como', 'com que meios de trabalho'. Estes não apenas fornecem uma medida do grau de desenvolvimento da força de trabalho, mas também indicam as condições sociais nas quais se trabalha. (MARX, 2017, p. 257)

Parecem satisfeitas as condições que permitem que, na América Latina e no Brasil colonial, já se perfizessem todas as condições para a produção e circulação de mercadoria em uma proposta mercantil e exportadora, de viés eminentemente de um capitalismo colonial, mediante a utilização de mão de obra escravizada, como condição histórica, para a construção de uma elite burguesa agroexportadora.

Kevin Anderson, remontando a uma carta escrita por Marx, que se referia a escravização negra e seu trabalho no Brasil e regiões do Sul da América do Norte, escreve que, "a escravidão direta é tão crucial para agitar as engrenagens do industrialismo atual quanto a maquinaria, o crédito, etc. sem escravidão não haveria algodão, sem algodão não haveria indústria moderna" (MARX apud ANDERSON, 2019, p. 143).

Segundo Anderson (2019, p. 150), esse é o momento em que se identifica nos manuscritos de 1861-63, em que Marx estava desenvolvendo a teoria do mais-valor, tendo em seu horizonte de análise a questão do trabalho escravizado. Com isso, permite a Kevin Anderson dizer, que, "o resultado seria uma nova forma de capitalismo, abertamente estruturado em linhas raciais" (2019, p. 152), ou, como se está trabalhando desde o início, de um capitalismo colonial, como no caso brasileiro.

Nesta linha, proporciona-se um processo de exacerbação da lei da produção capitalista (**Dinheiro-Mercadoria–D'inheiro**), ou mesmo a lei de reprodução simples do capital (**Mercadoria–Dinheiro–M`ercadoria**) (ARRUDA, 2012).

No que diz respeito a primeira, e talvez mais importante, é o dinheiro que permitia a compra da mercadoria força de trabalho escravizada e que a partir de seu trabalho vivo, enquanto força de trabalho, permitia a produção de mais mercadoria e a reprodução de mais dinheiro feito em capital reproduzido e circulante.

Como define Marx, o do valor da força de trabalho é determinado pelo tempo necessário para a produção e reprodução da própria força de trabalho, ou seja, a manutenção da própria corporeidade do trabalhador (MARX, 2017), todo o trabalho ou tempo do trabalhador à disposição do proprietário se apresenta como *plus-valor* e sobre-trabalho. Essa definição, no que diz respeito ao trabalho livre, remete-se a leitura do próprio Capital em seu volume 1, capítulo 4, e interessa para esse trabalho a aplicação para o trabalho escravizado.

O trabalho escravizado comprado, enquanto mercadoria, não deixa de ser trabalho vivo como ser social e tudo que produz ao longo de uma jornada de trabalho – que não é mensal (nem semanal), reproduz-se durante toda sua vida que é limitada somente por sua exaustão física. Ou, como o próprio Marx explica nos Grundrisse (2011, p. 224-5),

> em suma, exigência de que os trabalhadores devem sempre restringir seus prazeres vitais a um mínimo e aliviar as crises para os capitalistas. Devem se comportar como pura maquina de trabalho e, se possível, pagar inclusive pelo seu desgaste natural.

Nesse sentido, o trabalho escravizado produz o valor que ele representa enquanto mercadoria. Assim como, todo valor distribuído no tempo pela sua manutenção física, e, consoante isso, pela sua própria reprodução. Mesmo que o trabalho escravizado, com extenuantes jornadas de trabalho produtivo, tenha valor extremamente baixo (tendo em vista as péssimas condições de vida a que eram submetidos em termos de alojamento e ração). Assim escreve Marx,

> o limite último ou mínimo do valor da força de trabalho é constituído pelo valor de uma quantidade de mercadoria cujo fornecimento diário é imprescindível para que o portador da força de trabalho, o homem, possa renovar seu processo de vida (MARX, 2017, p. 247).

O valor-vida do trabalhador enquanto força de trabalho se mede/quantifica pela necessidade de reprodução da força de trabalho. O cálculo do valor vida do trabalho vivo escravizado se mede pela disponibilidade de carne negra no mercado, e, portanto, com seu valor de compra. A questão que essa investigação busca problematizar, desde a aproximação com a escravização é, quanto custa o valor-vida do trabalho prisional, uma vez que no neoliberalismo a carne pobre e negra apta ao trabalho se torna cada vez mais vasta e abundante, enchendo o complexo industrial prisional - *new slavery* (ALEXANDER, 2018).

Da mesma forma, como no trabalho livre, tendo em vista os componentes do valor da mercadoria, que tem seu valor determinado pelo tempo necessário para sua (re)produção, o trabalho escravizado também reproduz a regra, na medida em que o valor de mercado do trabalho livre escravizado se dá pela sua vitalidade (saúde).

Como também pela sua capacidade produtiva, ou seja, pela sua possibilidade de perpetuação no tempo e de proporcionar o resgate do valor pago, ou ainda, pela disponibilidade de mão de obra escravizada à disposição no mercado (GORENDER, 2016b), mais o sobre trabalho (*plus valia*).

Mas, quanto ao fato de o escravizado não poder ser uma mercadoria, pois não poderia ser produzida? Gorender fornece a resposta "o escravo era um trabalhador a ser fabricado dentro do processo de produção, pela violência, como instrumento submisso" (2016a, p. 55); ou seja, a escravização foi o processo de produção do valor força de trabalho, que mais tarde seria substituído generalizadamente pela prisão.

Assim, uma vez que inexiste remuneração como retribuição do valor da força de trabalho que é dispendido apenas uma vez pelo proprietário para outro proprietário (ou traficante), permite com que o valor produzido e reproduzido mediante o uso do trabalho escravizado seja extremamente alto e lucrativo.

A quase totalidade do valor produzido pelo negro, comprado como mercadoria e feito força de trabalho, se transforma em mais valia absoluta, pela extensão da jornada de trabalho, e pela exigência de aumento de produtividade as custas da vitalidade do sujeito humano vivo.

Da mesma maneira, que a definição de organização social do capitalismo central não encaixa perfeitamente na realidade sócio-histórica brasileira e latino-americana, a democracia brasileira traz à tona a discussão que permite colocar em xeque uma das bases teóricas e fundacionais da nova organização social – o contratualismo – sobre o qual Ferreira escreve,

> como alguém submetido à escravidão poderia ser condenado à morte como criminoso? Como poderia ser culpado por infringir regras de uma sociedade da qual não era sócio? Como o escravo, considerado como coisa, podia ter descumprido o contrato social pactuado por pessoas – assim definidas por terem nascido iguais e livres? (FERREIRA, 2011, p. 20)

Ou seja, no mitológico e eurocêntrico – pode-se dizer colonialista – contrato social brasileiro e latino-americano, o que menos aparentava era o início da representatividade, na medida em que a grande maioria da população não era signatária do mesmo – negros, índios e mulheres –, e, portanto, esse contrato era de uma classe social apenas, exercido por uma oligarquia e cujos efeitos igualmente eram sectários, ou, como chama Domenico Losurdo – a Democracia dos Senhores (2006).

Esse mesmo contrato social, paradoxalmente, que colocava os negros na condição de coisas – objeto de posse – perante a legislação civil; ao mesmo tempo reconhecia sua capacidade racional a fim de atribuição de responsabilidade penal (FERREIRA, 2011).

Escreve Gorender sobre tal aspecto "o primeiro ato humano do escravo é o crime. Desde o atentado contra o senhor à fuga do cativeiro. Ao reconhecer a responsabilidade penal dos escravos, a sociedade escravista os reconhecia como homens" (2016b, p. 94).

Mais uma vez, verifica-se que do classicismo na América Latina, a face mais visível era a utilitarista, utilizando-se do liberalismo à brasileira, somente no que lhe convinha a justificar seus atos, suas decisões políticas, e a legitimar determinada ordem social, restando ao contratualismo a justificação do poder em mãos de proprietários a formar a oligarquia local.

No que diz respeito ao *jusnaturalismo* a força da naturalidade da subserviência das pessoas inferiores. E ao correcionalismo, via-se na irretorquível força dos capitães do mato na execução do mando da casa-grande, e no exercício da violência institucional para disciplinamento de seus semelhantes considerados inferiores.

Nessa linha, sobre as relações de produção, outro liberal, agora o pai fundador da economia moderna – leia-se capitalista – Adam Smith escreve, "embora o desgaste de um empregado livre também pese sobre seu patrão, geralmente custa-lhe muito menos do que o do escravo" (SMITH,1996b p.130).

O utilitarismo liberal e a relação do trabalho entre o escravo e o livre, é muito mais uma questão de custo, do que de ética e lógica discursiva da filosofia liberal, sendo, portanto, uma questão de custo produtivo.

Passa-se a abordagem mais propriamente da economia da punição, e como as estruturas de controle social foram fundamentais no período escravista, também o foram no período de desenvolvimento do capitalismo industrial, e não perderam sua função depois de consolidado o modo de produção capitalista e a subsunção material do trabalho ao capital – que também pode-se chamar de período de ouro do capitalismo.

1.2. O CONTROLE SOCIAL E A PRISÃO NA GÊNESE DA FORMAÇÃO SOCIAL LATINO-AMERICANA – ECONOMIA POLÍTICA DA PENALIDADE

No ponto anterior se trabalhou eminentemente acerca do primeiro elemento – sobre que indivíduos a estrutura se projeta –, para então analisar como a instituição prisão (como conceito alargado), enquanto centralidade na formação social latino-americana e brasileira, acaba por cumprir as funções de definição ou parâmetro para o sofrimento humano, e, também, como estrutura de modulação de comportamento na nova forma societária.

Inicia-se desde os elementos insatisfeitos trazidos anteriormente, quais sejam: (b) modelagem do corpo e a alma do novo cidadão, (c) a quantificação do sofrimento humano.

Novamente voltando a Marx, acerca da questão do trabalho livre e escravizado como manifestações da relação capital-trabalho:

> Tais métodos, porém, lançaram mão do poder do Estado, da violência concentrada e organizada da sociedade, para impulsionar artificialmente o processo de transformação do modo de produção feudal em capitalista e abreviar a transição de um para o outro. A violência é a parteira de toda sociedade velha que se está prenhe de uma sociedade nova. Ela mesma é uma potência econômica. (MARX, 2017, p. 821)

Além do elemento liberdade, seria fundamental a inexistência de controle social ou coação em relação ao trabalho, seria a diferença entre o trabalho escravo, ou mesmo servil, e o trabalho livre, entre a subsunção formal – quando o trabalhador se insere na lógica do capital por um comando legal (obrigatoriedade) –, ou material – quando o modo de produção capitalista atinge sua maturidade, e está de tal forma naturalizado, que a própria dinâmica de funcionamento ordinário aprisiona o trabalhador em sua dinâmica reprodutiva do capital, que prescinde do controle social ou da violência direta (GORENDER, 2016b).

Nessa linha acompanha-se Jacob Gorender,

> [...] o escravo real só conquistava a consciência de si mesmo como ser humano ao repelir o trabalho, o que constituía sua manifestação mais espontânea de repulsa ao senhor e ao estado de escravidão. A humanidade

criou pelo trabalho e, por mediação dele, se concebeu humanamente – nisto reside a verdade da fenomenologia *hegeliana*. Já ao homem escravo só foi dado recuperar sua humanidade pessoal pela rejeição do trabalho. Tal dialética concreta, num momento dado do desenvolvimento social. (GORENDER, 2016b. p. 105)

Entretanto, o que se pode verificar é, como aponta Mathias Luce (2018), não só a região dependente latino-americana não passou logicamente do trabalho com base na mais valia absoluta para a relativa, mediante desenvolvimento progressivo dos meios de produção; como também, não abandonou os mecanismos de violência na passagem do capitalismo colonial à subsunção formal do trabalho ao capital, e deste à subsunção material, e em tese à desnecessidade da violência coercitiva das massas.

Ou mesmo, como o próprio Marx revê nos manuscritos, que estão organizados sob a rubrica de *Grundrisse*, e escreve acerca do elemento liberdade x coação, na relação capital-trabalho,

> Por um lado, se esquece que, desde logo, o pressuposto do valor de troca, como o fundamento objetivo da totalidade do sistema de produção, já encerra em si a coação sobre o individuo de que seu produto imediato não é um produto para ele, mas só devém para ele no processo social e tem de assumir essa forma universal e, todavia, exterior; que o indivíduo só tem existência social como produtor de valor de troca e que, portanto, já esta envolvida a negação total de sua existência natural; que, por conseguinte, está totalmente determinado pela sociedade; que isso pressupõe, ademais, a divisão do trabalho etc., na qual o indivíduo já é posto em outras relações distintas daquelas de simples trocador (MARX, 2011, p. 190)[6].

Assim, na lógica dependente e marginal latino-americana, o que se verificou foi o aprofundamento da exploração e da mais valia absoluta mediante superexploração da força de trabalho, e a intensificação do uso da violência como regulador de um mercado explorador e excludente.

---

6 Nesse sentido Marx explica já na introdução dos manuscritos de crítica à economia política (Grundrisse), (2011, p. 51), que o fundamental a ser compreendido é a dinâmica da circulação de capital, que, por sua vez não diz respeito apenas e simplesmente a relação de compra de mercadoria, ou venda de força de trabalho. Mas que a distribuição está ligada e interfere na totalidade do sistema produção em que aponta (1) distribuição dos instrumentos de produção, (2) a distribuição dos próprios membros da sociedade em distintos segmentos da dinâmica e cadeia produtiva. Como o próprio Marx escreve "a distribuição dos produtos é apenas resultado dessa distribuição que está incluída no próprio processo de produção e determina a articulação da produção" (MARX, 2011, p. 51)

Nesta linha, retomando o raciocínio que orienta esse tópico, desde uma abordagem macroestrutural da economia política da pena para se identificar a razão de ser do controle social, que se apresenta permanente, não apenas na consolidação da organização social capitalista, mas também na sua continuidade/manutenção. Esse tópico busca demonstrar a utilidade da pena para o modo de produção nas margens do capitalismo.

Resgatando, para isso, talvez a primeira – senão a principal – obra que se presta a realizar uma economia política da punição na transição da sociedade medieval para a moderna, e, como a pena se comporta na estrutura social capitalista.

Rusche e Kirchheimer, em Punição e Estrutura Social (2004), começam com uma premissa que é fundamental,

> A punição brutal não pode ser simplesmente atribuída à crueldade primitiva de uma época, agora abolida. A crueldade mesma é um fenômeno social que apenas pode ser entendido nos termos das relações sociais dominantes num dado período. (RUSCHE; KIRCHHEIMER, 2004, p. 42)

À par dessa premissa, pode-se inferir, que, de acordo com o estágio de desenvolvimento dos meios e das relações de produção, a violência se apresenta conforme, e, de acordo com as relações sociais/interesses dominantes em dada época social.

Dito isso, pode-se demonstrar como, na virada da sociedade feudal para a sociedade moderna e capitalista (entre os séculos XVI-XVIII), em que ocorria um turbilhão de transformações sociais, sobretudo um intenso processo de pauperização e resultante do que Marx (2017) narraria como o grande cercamento, e, que resulta em aglomerações urbanas, nas quais a punição pecuniária começa a perder espaço, para dar lugar a intensificação das penas corporais e cujo critério era a capacidade de pagamento, fazendo com que a aflição corporal fosse a medida adotada de acordo com a incapacidade financeira do acusado.

Nesse contexto que Marx (2011) situa o controle social [no centro do mundo ocidental, e poder-se-ia dizer, o processo de escravização na periferia colonial] como fundamental no processo de subsunção formal do trabalho ao capital, ou seja, maneira pela qual se produz uma corporeidade e racionalidade voltada à dinâmica de troca e submissão à lógica de produção e circulação de valores de troca, tais como, o trabalho e mercadorias – dinâmica que não era natural – e, portanto, precisava ser constituída enquanto poder (como aparência; e não como dependência de uns sob outros que é a sua essência). Como escreve Marx, o próprio desenvolvimento da manufatura pressupõe a dissolução inicial das antigas relações econômicas de propriedade fundiária. Por outro lado, a partir dessa dissolução pontual, a nova forma devém em sua totalidade e extensão quando a indústria moderna alcança um alto grau de desenvolvimento [...] (MARX, 2011, p. 216)

Marx aponta como sendo a origem do processo de subsunção (formal) do trabalho ao capital, do sujeito às relações de produção, dos valores de uso aos valores de troca. E ao que, com esse trabalho se agrega a seguinte indagação – se a dissolução de relações do campo, foram fundantes de uma sociedade baseada na exploração do trabalho; seria o processo de virtualização das relações e exploração do trabalho prisional a nova etapa do "desenvolvimento" das relações de produção? Constituir-se-ia uma nova etapa, já não mais somente de subsunção formal ou material do trabalho ao capital, mas de subsunção virtual do trabalho ao capital no neoliberalismo?

Esse é o objeto do último capítulo, não sem antes passar pela subsunção material no capitalismo industrial e seu ideário da reabilitação (segundo capitulo).

Voltando à relevância das penas e da coação para a introjeção de uma sociedade baseada na troca, como apontam Rusche e Kirchheimer (2004), a opção histórica e conjectural, ora pela aflição corporal, ora pela pena pecuniária, ora inclusive pela pena de morte, não dava-se por um primitivismo, ou selvageria; mas de acordo com, determinados graus e momentos de desenvolvimento econômico, a necessidade de massa humana (de animais bípedes de produção à carne negra) que era confundida com humanitarismo (RUSCHE; KIRCHHEIMER, 2004).

Não apenas para a lógica de produção e distribuição de mão de obra, dentro da Europa Ocidental, mas também de produção internacional da divisão social do trabalho que proporcionou as forças, para realização da etapa colonialista e a expansão ultramarina.

A massa humana foi literalmente o motor das embarcações no período colonial, mediante a pena de galés, nas quais os condenados é que proporcionavam o traslado atlântico das potências colonizadoras para as Américas. Rusche e Kirchheimer apontam:

> O que é significativo no uso das galés como método de punição é o fato de ser uma iniciativa calcada somente em interesses econômicos e não penais. Isto é a verdade tanto para a sentença quanto para a execução. A introdução e regulamentação da servidão nas galés forma determinadas tão-somente pelo desejo de se obter a força de trabalho necessária nas

condições mais baratas possíveis. Na França de Colbert, p.ex., o governo fez forte pressão sobre os tribunais para conseguir prisioneiros em número suficiente para manter as tripulações completas. (RUSCHE; KIRCHHEIMER, 2004, p. 85)

Da mesma forma, a penalidade de deportação/degredo/desterro foram ferramenta largamente utilizada para proporcionar o contingente de colonos que se necessitava para povoar as novas terras, proporcionando uma dupla função, que era a de reafirmar o discurso legalista calcado na ordem social mediante a aplicação da lei penal, e ao mesmo tempo permitindo a conformação de um exército de colonos para as novas empreitadas além mar.

Rusche e Kirchheimer (2004) narram, ainda, como essa penalidade se apresentava com um duplo viés econômico, na medida em que se colocava como uma estratégia macroeconômica de obtenção de trabalho nas regiões colonizadas; e em sentido microeconômico, como esses sentenciamentos permitiram que os sentenciados se tornassem mercadoria (força de trabalho) arrendado para fazendeiros como narram os autores, "[...] contratantes recebiam uma franquia de cinco libras por condenado [...] tendo-se tornado proprietários dos condenados, podiam obter grandes lucros dispondo de sua força de trabalho" (2004, p. 92).

Afirmam ainda que, as penalidades de deportação só escassearam, e, deixaram de ser prioritárias, quando, ao final do século XVII – ou seja, o momento da eclosão da filosofia liberal em ruptura revolucionária com o *ancient regime* –, resgata-se o modo escravista de produção, e então o escravo (tráfico) produzia mais lucro do que arrendar criminosos (RUSCHE; KIRCHHEIMER, 2004). Assim concluem:

> Com a introdução da escravidão negra nas ultimas duas décadas do século XVII, as condições dos servos coloniais brancos começaram a se deteriorar. De 1635 em diante traficantes de negros ganhavam um bônus, e a difusão do sistema da plantation fez crescer a demanda por trabalho escravo [...] uma tal oferta de trabalhadores aliviou consideravelmente a fome de trabalho. (RUSCHE; KIRCHHEIMER, 2004, p. 93)

Paralela e conjuntamente, insere-se, gradualmente, o regime de penas de prisão, que conforme essas penalidades acima, perdiam seu sentido e *raison d'être;* a prisão assumiria a preponderância e forma de punição por excelência, vindo à luz a instituição penal e carcerária.

Aqui se retoma o ponto (b) como modelagem do corpo e alma do novo cidadão que compunha a massa da sociedade burguesa, mas, pela via da sua negação – a exploração.

Até este momento, Rusche e Kirchheimer (2004), guiaram a compreensão do fundamento material e econômico que subjaz à estrutura punitiva burguesa; Melossi e Pavarini (2006), fornecem os elementos para compreender o processo de construção da figura do trabalho, enquanto construção ideológica, cultural e material que é a essência da força de trabalho na reprodução do capitalismo.

Se, nos ombros e braços dos condenados se ampliou o mundo, no sangue e grilhões dos escravos se operou a acumulação primitiva, mediante o uso da força; restava à massa de trabalhadores ditos livres, a consolidação do antagonismo de classes, a sua reprodução, ampliação e aprofundamento e o método não seria diferente – o uso da força.

Introduz-se o antecedente mais próximo da prisão, que seriam as casas de correção no século XVIII, nas quais seriam inseridas todo tipo de pessoa definida como desajustado e todo tipo de vida desgraçada, tais como vadios, sem teto, órfãos, velhos, loucos, condenados, seguindo a mesma lógica que já orientava as penas de galés e deportação, abrigando e dando um destino para os desafortunados.

Foi justamente a casa de correção ou casas de trabalho forçado, que ensejaram o processo de ambientação dos expulsos da terra ao processo de introjeção na cidade, na vida urbana e na condição de trabalhador-livre destituído, desde uma dinâmica de separação do trabalhador dos meios de produção. E essa separação não poderia ser feita senão de maneira forçada, e desde a representação enquanto, política social (assistencial), como manifestação do humanismo racionalista.

Melossi e Pavarini escrevem que,

> Uma serie de estatutos promulgados [...] estabelecia uma taxa máxima de salário acima da qual não era lícito ir (o que implicava sanção penal); não era possível nenhuma contratação de trabalho muito menos coletiva; até se chegou a determinar que o trabalhador aceitasse a primeira oferta de trabalho que lhe fizessem. Ou seja, o trabalhador era obrigado a aceitar qualquer trabalho, nas condições estabelecidas por quem lhe fazia a oferta. O trabalho forçado nas *houses of correction* ou *workhouses,* era direcionado, portanto, para dobrar a resistência da força de trabalho e faze-la aceitar as condições que permitissem o máximo grau de extração de mais-valia. (MELOSSI; PAVARINI, 2006, p. 37-8)

Remontando a Marx, no capítulo 24 do primeiro volume do Capital, *a assim chamada acumulação primitiva,* resume,

> Assim a população rural, depois de ter sua terra violentamente expropriada, sendo dela expulsa e entregue à vagabundagem, viu-se obrigada a se submeter por meio de leis grotescas e terroristas, e por força de açoites, ferros em brasa e torturas, a uma disciplina necessária ao sistema de trabalho assalariado. (MARX, 2017, p. 808)

Em seguida aponta ainda a criação de "uma superpopulação relativa, ou exército industrial de reserva; a última palavra, a miséria de camadas cada vez maiores do exército ativo de trabalhadores e o peso morto do pauperismo" (MARX, 2017, p. 720), a isso que Melossi e Pavarini (2006) chamariam a atenção para a criação de uma divisão interna dentro das classes inferiores – utilizando-se uma denominação corrente no liberalismo – que dispendia diferentes tratamentos; ao bom pobre, com condições de trabalho destinava-se a exploração mais brutal, como se assistência fosse; aos maus pobres, a mesma brutalidade, só que com caráter de penalidade, cujo resultado era o mesmo – trabalho e introjeção da identidade laboral, e da disciplina produtiva.

Cada uma delas exercendo uma função dentro do sistema social e de produção, ou, nas palavras de Melossi e Pavarini, "os pobres bons agradecerão ao internamento que os assiste e lhes oferecer a possibilidade de trabalho; os pobres maus serão justamente privados da liberdade e punidos com trabalho" (2006, p. 59).

O que, num sentido macro, pode-se apontar que o exército industrial de reserva e a massa de miseráveis disponíveis, permitia que, juntamente com toda a coação institucionalizada, se processasse um controle dos níveis de salário e disposição de mão de obra sempre abundante à disposição (EVERS, 1989). Tendo em vista que, o valor da força de trabalho se apresenta como o valor de que o trabalhador necessita para satisfação das suas necessidades vitais, e sua própria reprodução, em sendo míseras as condições de vida, o mesmo se reproduzia com baixos salários e condições de vida.

O que se obrigava por imposição de lei e pela pressão da abundância de mão de obra disponível. Com isso Marx sintetiza, "o processo capitalista de produção, [...], produz não apenas mercadorias, não apenas mais-valor, mas produz e reproduz a própria relação capitalista: de um lado, o capitalista, do outro o trabalhador assalariado" (MARX, 2017, 653).

Com isso, conseguia-se a imposição do mais rígido disciplinamento da classe operária, dentro das casas de correção, sob o pretexto de se estar realizando assistência – ensinando o pobre a trabalhar (levar uma vida laboriosa) –, e fora das casas de correção, com o que já se costumava chamar de prevenção geral, ou seja dissuasão da vagabundagem, mediante a aceitação das condições gerais de trabalho e remuneração, pela via do temor do trabalho forçado nas instituições austeras (MELOSSI; PAVARINI, 2006).

Função que era desempenhada desde a adoção do princípio da *less elegibility (menor elegibilidade),* que queria dizer, as condições de vida e trabalho durante o internamento deveriam ser piores e inferiores às condições de vida e trabalho que se tinha como mais inferiores naquele dado momento da estrutura social e do desenvolvimento do modo e das relações de produção, a fim de que, "ninguém, a não ser premido por extrema necessidade, aceitaria internar-se nela" (MELOSSI; PAVARINI, 2006, p. 66).

Chamariam essa dupla função ainda, de funções criativa ou destrutiva de mão de obra. Na medida em que, em uma perspectiva *Malthusiana/ Ricardiana* em que no contexto de excessiva oferta de mão de obra (além da demanda), e a queda dos níveis salariais por conta do desemprego, a instituição prisional exercia sua função destrutiva de mão de obra, relegando o possível excedente para manter o regulação do mercado, evitando distúrbios sociais; noutro caso, em contextos e conjecturas de oferta de trabalho, para além da demanda, o cárcere exerce sua função de reciclagem, exercendo sua função criativa/produtiva, mediante o discurso do ideário reabilitador, aprimorador da mão de obra de que necessita o mercado e as relações de produção (MELOSSI; PAVARINI, 2006).

Mais uma vez fica claro e latente a economia política do cárcere e dos mecanismos punitivos, altamente interligado com os meios e as relações de produção, trabalhando como um instrumento complementar a esse mercado capitalista, não só nos momentos de sua ascensão, mas também quando já de sua consolidação.

O processo de introdução ideologizada do modo de produção capitalista se completa com o reforço de todo o caldo cultural e religioso protestante, que conduzia as vidas pelo trabalho, a oração e a poupança de uma vida ascética (limpa e livre dos prazeres mundanos). Melossi e Pavarini se referem à criação, em toda a Europa, de instituições como *Workhouses* na Inglaterra, *Rasp-Huis* na Holanda, ou *Hôpital Géneral* na França, como sendo instituições para, aceitar uma disciplina que os transforme em dóceis instrumentos de exploração. Os pobres, os jovens e as mulheres prostitutas enchem, no século XVII, as casas de correção. São eles as categorias sociais que devem ser educadas ou reeducadas na laboriosa vida burguesa, nos bons costumes. (MELOSSI; PAVARINI, 2006, p. 55)

Aos poucos, gradativa, ou historicamente, a prisão enquanto pena *par excellence* vai tomando seu formato, abandonando a sua função de cárcere produtiva (fábrica), para assumir sua verdadeira face de puro e simples disciplinamento.

Sobretudo e tendo em vista, que com a revolução industrial e sua intensificação e profunda alteração das relações de produção que se deram mormente no século XIX, e a diminuição da necessidade do mesmo volume de força de trabalho, fez com que surgissem, desde uma perspectiva reformadora na Inglaterra/Estados Unidos, e imbuída do ideário humanizador/religioso/utilitário da prisão o modelo de cárcere enquanto penalidade como se a conhece atualmente.

Tem-se nesse sentido o surgimento do *Confinement System* ou *sistema Filafélfico* ou Pensilvânico. No qual se pode elencar as principais características como:

(1) a adoção arquitetural do *panóptico*, para amplificar o processo de vigilância dos internos, e intensificar a dinâmica de disciplinamento;

(2) isolamento noturno e diurno, tendo em vista que fora pensado desde a matriz norte-americana dos *Quakers*, como protestantes ortodoxos, e cujo objetivo era a produção de uma vida (corpo e alma) disciplinados, ascéticos, mediante o processo de meditação, oração e introspecção como forma de aquisição da consciência do delito cometido;

(3) disciplina institucional extremamente rígida de um comportamento absolutamente esquadrinhado e vigiado, cujo objeto não era imprimir uma logica de tortura, mas sim uma extensa e profunda dinâmica de condicionamento comportamental;

(4) além do disciplinamento do corpo, o disciplinamento da alma ficava a cargo da forte carga religiosa, que completava e forneceria o argumento legitimante que faltaria para esse processo de introjeção de uma determinada identidade subalterna, assim escrevem, "educação pela sujeição, aceitação passiva da própria inferioridade, do próprio ser sujeito da necessidade" (MELOSSI; PAVARINI, 2006, p. 222).

Uma outra proposta reformadora, também já do cárcere em seu sentido acabado, é o do *Silent System Auburniano*, que tem como característica fundamental o trabalho, na busca de transformar o interno por meio do labor, que num primeiro momento se tinha a pretensão de se constituir em trabalho e produção competitiva, mas que mediante a pressão das organizações de trabalhadores livres (sindicatos) e dos efeitos desreguladores sobre o mercado, acabaram por converter o trabalho, em Auburn, meramente como elemento pedagógico (laborterapia).

Além desse elemento fundamental, deve-se elencar ainda (MELOSSI; PAVARINI, 2006):

> (1) Outra característica distintiva do modelo auburniano seria o *daily association* (trabalho conjunto/coletivo) durante o dia, mas que se conduz mediante a inexistência de contato e relação interpessoal dos internos, a evitar a contaminação moral e comportamental dos reeducandos; assim como o *night-separating*, na qual no período de descanso noturno o interno ficaria isolado, momento em que meditaria sobre as condutas cometidas, para produzir o arrependimento e a disciplina interna;
>
> (2) Dinâmica de funcionamento interno e estilo de vida típico de uma instituição militarizada, e todo o hermetismo que advém dessa decisão politico-penitenciária, que se pode citar como a primeira a hierarquia das funções, passando por pequenos sinais como o escrutínio penitenciário com o asseio das celas, as roupas e organização dos cubículos, até o comportamento do mesmo, a verificação do silêncio e a obediência em locais e períodos de trabalho, como o cuidado com que desempenha suas atribuições;
>
> (3) Como se constituía em uma institucionalidade eminentemente marcada pela disciplina militar, o processo disciplinar também seguia a mesma logica, tendo-se afastado as punições corporais (como açoites) para adoção de punições ainda corporais, mas que pretensamente não interferissem na capacidade laboral do sujeito punido. Surgindo com isso o isolamento solitário por determinado período de tempo, como diminuição de ração, com privação da luz e que assim como nas dinâmicas militares, eram aplicadas de maneira absolutamente arbitrária, como disciplinamento e demonstração de poder para manutenção de uma suposta ordem interna.

A prisão, em seus modelos acabados, e fornecidos, enquanto tipos ideais, pela história norte-americana e seus antecedentes nas variadas formas de casas de correção, permitem a Dario Melossi e Massimo Pavarini culminarem com a afirmação, que é fundamental para e economia política da penalidade no mundo burguês capitalista que,

O objeto desta produção não foram tanto as mercadorias quanto os homens. Daí a dimensão real da invenção penitenciaria: o cárcere como maquina capaz de transformar [...] o criminoso violento, agitado, impulsivo (sujeito real) em detido (sujeito ideal), em sujeito disciplinado, mecânico. Em outras palavras, a produção de sujeitos para uma sociedade industrial, isto é, a produção de proletários a partir de presos forçados a aprender a disciplina da fábrica. (MELOSSI; PAVARINI, 2006, p. 211)

Gorender (2016b), tratando da realidade colonial brasileira do século XIX, e do trabalho escravizado diria que esse trabalho tinha por fim último produzir o trabalhador latino-americano e brasileiro para a sociedade burguesa, trabalho que também – como se viu acima, foi utilizado na Europa liberal e racionalista –, cujo projeto se completa com a substituição da escravização pela prisão para essa finalidade.

Passando para o segundo ponto, não menos importante, mas mais sintético, (b) refere-se à quantificação do sofrimento humano.

Nesse ponto, a virada à sociedade moderna parece que pode ser sintetizada em dois pilares fundamentais. Primeiro a transição política para uma perspectiva democrático-representativa, que como se viu acima, significam menos do que uma democracia formal enquanto princípio.

Segundo uma virada jurídica, em que se insere a ideia de supremacia do direito, e dentro desta, a suposta dinâmica de garantias. Como corolário dessa mudança, tem-se que a virada jurídica moderna se coloca como sendo um processo de humanização do direito e sua relação com as pessoas – ou seja, no controle da violência institucional estatal, o controle das arbitrariedades.

A isso que Andrade (2015) chamou de função declarada, sobretudo, no que diz respeito a funcionalidade do sistema penal, e que, em linguagem *marxiana,* pode-se dizer que é apenas a aparência ou a superfície de tais mudanças. Na medida em que, no que se trata estritamente a esse ponto, a mudança jurídica em sua essência, foi bem além do controle da arbitrariedade, mas sim, uma domesticação ou conversão econômica da violência penal estatal.

A ideia classicista de rigor e supremacia da lei, certeza da punição, e garantia da mesma desde uma pretensão de neutralidade, além de negar a totalidade penal do *ancient regime,* também se coadunava perfeitamente com os princípios e interesses sociais liberais nascentes. E, com eles, o discurso da humanização das penas, que permite aos liberais converterem as penas corporais, utilitariamente em penas de privação da liberdade e a conversão dessa privação em trabalho forçado.

Como se a criação da privação da liberdade e das instituições de confinamento terminassem com o suplício e aflição corporal ministradas atrás dos muros da prisão-fábrica[7].

Justamente no momento em que se necessitava de força de trabalho para alavancar o novo modo de produção e as relações de produção de base capitalista.

Nesse contexto, vem muito a calhar o discurso da neutralidade e humanidade das penas de privação da liberdade, e a quantificação do sofrimento humano, construído e predefinido em lei enquanto privação da liberdade, como medida da infração cometida, na qual a previsão universal de prisão para infrações à lei, passava à superficial imagem de tratamento isonômico, igualitário.

Como, muito bem resumem Melossi e Pavarini,

> A essência da pena é constituída, também no que diz respeito à relação de trabalho, pela privação da liberdade, entendida sobretudo como privação da liberdade de poder contratar-se: o detido está sujeito a um monopólio da oferta de trabalho, condição que torna a utilização da força de trabalho carcerária conveniente para o contratante. (2006, p. 72)

Para além da crença de Bentham e do utilitarismo/classicista, acerca da finalidade da pena, e da sua justeza, certeza ou imediatidade, importa notar que o classicismo nada mais era, enquanto essência, do que uma lente com a qual se via o mundo, e a ideia de garantias, de pretensão de proteção formulada pelos mesmos, apresentava-se como manifestação dessa cosmovisão, que obviamente não incorporava, e tampouco protegia a todos.

Com escreve Pachukanis, acerca do que representam as normas jurídicas e essa pretensão de garantia jurídico-normativa, "representam um produto superior e mais recente de uma criação consciente, quando comparados com as relações jurídicas que se formam espontaneamente e as normas que as expressam" (PASHUKANIS, 2017, p. 67).

Em realidade, servia para proteger uns de outros, ou, como o livro homônimo, e que muito diz da realidade vivenciada no capitalismo dependente latino-americana e brasileiro, aponta o medo branco das almas negras (CHALHOUB, 1988), essa seria a verdadeira essência do classicismo e das supostas garantias, ou, a primeira manifestação do que mais tarde se chamaria de ideologia da defesa social na criminologia (BARATTA, 2011).

---

[7] Para uma outra compreensão – não alternativa, mas que acrescenta elementos –, acerca do surgimento da pena de prisão ver Garland (1999) e Alagia (2018).

Se o classicismo, e toda a sua benevolência humanitária com relação as definições legais técnicas de definição penal, quantificação da pena, e pretensão de segurança jurídica (procedimental) trariam ares de modernidade e racionalidade; as casas de correção, depois casas de trabalho, e posteriormente a prisão serviriam para demonstrar que essa racionalidade e benevolência não estaria destinada a todos, mas sim, como escrevem Rusche e Kirchheimer,

> A experiência mostrou que os efeitos dos novos procedimentos diferiram bastante entre as varias classes, a despeito de uma certa tendência para o crescimento de garantias gerais. Isto serviu para proteger, entre outros, aqueles membros da burguesia e da aristocracia que eram menos protegidos, de forma a dar-lhes garantias contra os entraves em sua liberdade de movimento e, também, facilitar-lhes suas atividades pouco reputáveis. As classes subalternas, de outro lado, raramente podiam desfrutar da maquina judicial complicada criada pela lei tanto para ela quanto para os ricos, por não disporem do saber ou dos recursos econômicos necessários. (2004, p. 117)

Mais ainda, novamente a região latino-americana e brasileira, em uma perspectiva de dialética negativa, ou de contra tendência dialética, não substituiu as penas corporais pela prisão ou mesmo a escravidão, mas conviveria muito bem com todas as modalidades de penalidades, adaptando-as às suas necessidades e suas relações sociais de classe e de produção.

Nessa linha, trabalha-se com um sentido alargado de prisão, na qual compreende os seus diversos significados ao longo da história ocidental moderna e capitalista, na qual essa prisão já assumiu a função de grilhão, de correntes, da chibata, do cadafalso, culminando com as grades da prisão, que também se metamorfoseiam, se solidificam em barras intransponíveis, como também se dissolvem e difundem nas diversas formas em que assume o controle social no século XXI.

A isso que Harvey (2018), chamaria de capacidade sociometabólica do capital, e como o modo de produção e de relações de produção necessitam de sua estrutura de controle social, a prisão necessita cambiar e se metabolizar de acordo com as necessidades dominantes.

O que se faz profundamente necessário para pensar a questão da penalidade no Brasil e na América Latina enquanto periferia do capitalismo e a importância da violência institucional e estrutural nesta formação e organização capitalista marginal.

Nesta mesma linha, Evandro Piza fornece uma compreensão, disso que se tem trabalhado como prisão em sentido alargado, e que, permite o sociometabolismo dos mecanismos de controle e privação da liberdade em diferentes conjecturas da história brasileira:

> de fato, os símbolos do poder punitivo da sociedade colonial foram muito mais do que a morte publica ou em grande espetáculo cunhado na expressão *morra por ello*, presentes nas Ordenações Filipinas: o pelourinho, o chicote, o tronco, os grilhões, a senzala etc, ou seja, técnicas punitivas que estavam ou passaram a ser associadas à escravidão, que era uma reatualização das escravidões por dívidas e por guerra, passava a ser justificada então, não a partir de um ato praticado por aquele que era submetido, mas por sua condição humana, conferindo novo sentido a pena de morte. A morte transformava-se no resultado inevitável e no processo cotidiano de disciplina, patrulhamento, repartição de corpos, apresamento, desterritorialização, confinamento de povos não-europeus que faziam sobreviver a monocultura voltada para exportação [...] a segregação em sentido lato, podia assumir diversas formas (DUARTE, 2011, p. 158;250)

No sentido de prisão em sentido alargado, que tanto Chalhoub (1988), quanto Emilia Vioti (2010) da Costa apontam, existiram duas cidades e duas ordens jurídicas permanentes no classicismo marginal brasileiro, que se cruzavam pelo trabalho e pela punição.

Verifica-se a existência de um código de normas urbano e outro rural, assim com um código para homens livres e outro para escravizados. Andrei Koerner (2006) chamaria essa realidade de relações políticas e relações domésticas para diferenciar essas relações iguais (entre livres) e as relações desiguais (do poder ilimitado do senhor no campo, frente aos escravizados).

Nesse sentido narra Sidney Chalhoub (1988), acerca do que ele chamaria de uma cidade esconderijo – referindo-se ao Rio de Janeiro – mas pode-se trasladar a mesma compreensão para outras regiões urbanas, em processo de desenvolvimento e modernização capitalista, em meio à marca indelével da escravidão, que como escreveu Ferreira (2018) permitia a liberdade e escravidão se mesclarem, e ao mesmo tempo conviverem, proporcionando a edificação simultânea de duas cidades, uma branca e uma negra, uma idealizada, e outra uma cidade escravizada, marginalizada e explorada. Que, ao mesmo tempo, permitia a circulação dos negros pelas ruas, e por alguns postos de trabalho marginalizado à disposição, também construía e sedimentava a imagem de desordem, de suspeitos do contingente negro, escravizado, mestiço, liberto.

Emilia Viotti da Costa escreve, "o escravo urbano gozava inegavelmente de uma situação superior à do parceiro do campo. [...] a mais suave o tratamento, que recebia, pois, os olhos da lei andavam mais perto" (2010, p. 284).

É justamente o contexto em que Marcos Cesar Alvarez e Fernando Salla (2003) apontam a criação e centralização das instituições policiais no Brasil que se encaminhava para a modernidade republicana, e que essa reforma visava justamente a cidade negra, a cidade e as liberdades escondidas dos escravizados, e a garantia do processo de ampliação do controle social sobre os corpos para o trabalho e submissão[8].

Chalhoub (1988) demonstra narrando uma variedade de casos de contendas, disputas, prisões envolvendo essa circulação urbana, que os negros tinham uma pequena margem de *liberdade* fugidia e possibilidades, ainda que dura e extremamente precária, era desejada em comparação à vida ainda mais difícil da produção agrícola das *plantations brasileiras,* nas lavouras de café p.ex.

> com seus movimentos irreverentes e difíceis de enquadrar destruíram vagarosamente a cidade branca que se imaginava ordenada pela escravidão. Ao mesmo tempo, o medo branco dessas almas negras já tentava engendrar a cidade-armadilha da suspeição generalizada. (1988, p. 95)

De outro lado, a ordem social negra do trabalho extenuante do campo, era marcado pelo mando completo do senhor, o classicismo e a garantia das normas modernas não alcançavam o campo, em que ainda reinava a ordem jurídica, política e religiosa do senhor, que era o líder religioso, juiz e policial; assim como, tentava-se impingir a imagem do pai; mas essa ordem doméstica era na verdade o domínio do que Koerner (2006) chamaria de arte das sensações insuportáveis.

---

8 Nesse sentido são varias as definições penais, inauguradas no Código Penal republicano, tais como: Art. 399. Deixar de exercitar profissão, officio, ou qualquer mister em que ganhe a vida, não possuindo meios de subsistência e domicílio certo em que habite; prover a subsistência por meio de occupação prohibida por lei, ou manifestamente offensiva da moral e dos bons costumes: Pena - de prisão cellular por quinze a trinta dias.

Art. 402. Fazer nas ruas e praças publicas exercícios de agilidade e destreza corporal conhecidos pela denominação capoeiragem; andar em correrias, com armas ou instrumentos capazes de produzir uma lesão corporal, provocando tumultos ou desordens, ameaçando pessoa certa ou incerta, ou incutindo temor de algum mal: Pena - de prisão cellular por dous a seis mezes.

Tendo em vista que a gestão se dava pelo completo pavor a redundar em submissão completa, em obediência irrestrita, e trabalho permanente, perpétuo, produtivo, rentável. No qual os limites e a benevolência só se davam dela conveniência patrimonial, como refere Viotti da Costa (2010).

Afinal de contas, não passavam de capital adquirido para produzir e fazer aumentar ainda mais o capital/poder do senhor, assim escreve Koerner, "os castigos corporais são submetidos ao cálculo econômico do senhor, tanto para preservar o seu investimento quanto para extrair o trabalho produtivo dos seus escravos" (2006, p. 228).

Realidade na qual, a jornada de trabalho podia ultrapassar a 12 horas, se em período de colheita, que os custos do senhor se reduziam a parcas porções de ração, angu, feijão, e no melhor dos casos algum pedaço de carne salgada. Assim como as vestes e instalações da escravaria; sempre no sentido de redução de custos, mas não sem permitir a reprodução e subsistência da mercadoria/força de trabalho.

Mas o classicismo brasileiro fornece ainda, outros vários relatos, do que chama de manifestação da cidade solidária, obviamente que não para com os negros, mas sim a demonstração mais desnuda do classicismo das garantias jurídicas criadas pela modernização jurídico-política burguesa. No qual aponta como a solidariedade se dava entre os senhores, nas relações entre homens iguais (e livres) quando, contra os abusos nos castigos aos escravizados, e, portanto, uma demanda humanizadora? Apresentava-se como o chamado medo branco, diante da compreensão de que, conforme os castigos eram mais severos, crescia o medo de um levante, de uma tentativa revolucionária – e os exemplos tanto nacionais encontrado nos Malês, quanto internacionais na memória viva, dos haitianos, perambulavam vívidos –, fazia desse suposto humanismo uma estratégia viva de coesão classicista de proprietários e senhores.

Da mesma forma em relação à propriedade, como diria Miaille (2005), sobre a liberdade e igualdade, e suas funções encobertas durante as revoluções liberais burguesas, a propriedade e a segurança do classicismo (ou do liberalismo burguês) eram privilégios dirigidos, como aponta concretamente Chalhoub:

> O código de posturas de 1830 estabelecia penas de multa e prisão para toda e qualquer pessoa com casa de negócio que comprar objetos, que se julguem furtados, pelo diminuto preço de seu valor e por pessoas que se

julguem não possuírem tais objetos. O Código de posturas e 1938 tentava apertar mais esse controle sobre a circulação de objetos presumivelmente furtados por negros ou suspeitos. [...] é reveladora a formula utilizada por esses códigos – elaborados por administradores-proprietários em defesa de seus bens – contra os despossuídos dessa sociedade; ou se enquadram na categoria de trabalhadores compulsórios, os escravos, ou caem numa categoria que se vinha ampliando constantemente ao longo do século XIX, as pessoas que se julguem não possuírem... objetos, ou as pessoas suspeitas. (CHALHOUB, 1988, p. 95-6)

Nesse sentido, os códigos de posturas, de conduta, exerciam uma função corporativa, na qual impedia a aquisição de bens de escravos, que eram tomados que antemão como prováveis frutos de crimes contra o patrimônio dos senhores, constituindo-se, então, numa forma de proteção intraclasse.

Afinal, os escravos tinham tudo do que precisavam, as pequenas quantidades e qualidades de alimento de que precisavam para conservarem sua qualidade de mão de obra, assim como um lugar humilde, de acordo com a sua condição e necessidades, para os pequenos momentos de descanso.

Nesse sentido, pode-se afirmar que a prisão em sentido alargado, permite múltiplas funções dentro da economia escravista, constituindo-se em uma verdadeira economia política da prisão no capitalismo escravista brasileiro.

A prisão aparece no sentido formal e informal na realidade brasileira novecentista, formal quando utilizada para controlar os movimentos escravistas, os costumes, os comportamentos, a cultura, o sincretismo negro. Assim como, para proporcionar um mecanismo de introjeção de disciplina do trabalho e de submissão, mediante a aplicação da penalidade, como forma de controle político estrutural contra as manifestações entendidas como desordens, e ameaças à organização social capitalista, tais como a capoeira, os cultos, ou mesmo a organização coletiva e os atentados contra os proprietários e senhores livres.

Nesse sentido, o controle social na cidade assume a manifestação mais clara da suspeição generalizada, contexto no qual se constrói a imagem perene, difusa do negro como desordeiro, baderneiro, ameaça permanente, e com ela o controle social rígido. A conformação de uma política de segurança orientada pela figura do negro como elemento suspeito; como escreve Evandro Piza Duarte, "se a propriedade ou a casa eram, para o senhor, o *asilo inviolável*, para os negros, [...] a casa era o local onde se escondiam criminosos, pelo que ela deveria ficar sob os cuidados da polícia" (DUARTE, 2011, p; 196).

Com isso, a prisão assume uma função central na economia política de gestão de mão de obra escrava. Se, no centro do capitalismo, como narram Rusche e Kirchheimer (2004), a prisão se apresentava como meio regulador em períodos de maior ou menor oferta de trabalho; no capitalismo escravista brasileiro, serviria para docilizar os escravos produtivos indisciplinados, E também, como aponta Andrei Koerner, para armazenar a massa de escravizados sem condições laborais que se constituíam meramente em custos para o processo produtivo,

> Na lógica da sociedade escravista, não haveria um "lugar" para o escravo incapacitado para o trabalho e, assim, sua morte nos estabelecimentos prisionais, representava duplo aspecto: por um lado, o de vingança exemplar da ordem pública e senhorial tendo em vista a intimidação dos demais; e, por outro lado, o de aniquilação, para desonerar a caridade pública dos gastos com a sua manutenção. (KOERNER, 2006, p. 221)

Mas ainda, em um sentido informal, na medida em que a ordem oficial não alcançava os recônditos do Brasil continental, onde a ordem se dava pelas mãos diretas do senhor que era o juiz e a polícia, ao mesmo tempo; sem direito a defesa, e na qual as execuções eram feitas como *longa manus* pelos capatazes, ou mesmo pelos capitães do mato, também mestiços ou ex-escravos que tinham a função de exercer o policiamento nos campos e impedir a rebelião dos escravos, bem como sua organização coletiva e a recaptura dos foragidos.

Esse ideário acerca do trabalho escravizado, e da essencialidade que constituía a população negra no capitalismo escravista brasileiro, ganharia ainda o reforço do positivismo brasileiro e latino-americano, se não para justificar a escravização dos negros – já que era um regime cambaleante e em processo de desintegração, pois em dissonância com o liberalismo econômico europeu –, pelo menos para essencializar e naturalizar a inferioridade dos negros e o tratamento diferenciado oferecido.

A isso que Zaffaroni (2013) chamaria de a adesão do poder da ciência justificacionista (legitimadora) ao poder e a violência do Estado policial já existente.

1.3. A ANORMALIDADE DO POVO LATINO-AMERICANO: A GESTÃO POSITIVISTA DA POLÍTICA E DOS CORPOS

Com a abolição formal do modo de produção escravista, dá-se início a um novo período, que, como aponta o historiador Tulio Halperín Donghi (2013), na esteira de uma leitura latino-americanista, insere a região latino-americana, de capitalismo marginal e dependente, na lógica da modernização capitalista.

Com a modernização das relações de produção para além do trabalho livre, como queria a metrópole do capital mercantil novecentista – Inglaterra –, em realidade se apresenta como o princípio de uma dinâmica de neocolonialidade desde o ideário do desenvolvimentismo modernista, que se apresenta nas margens do mundo como o aprimoramento das relações do capital, e, que passam, primordialmente, por duas dinâmicas, a naturalização da inferioridade e a consolidação de uma severa estrutura de controle sócio-penal, a fim de proporcionar a suposta ordem, que o positivismo demandava como condição para o desenvolvimento de uma sociedade moderna brasileira.

Um dos primeiros escritos latino-americanos autênticos e identitários, acerca do positivismo latino-americano e seu contexto, aparecem com o livro *Criminología desde un Márgen*, de Eugenio Raul Zaffaroni (1988), que permite apontar que o positivismo não tinha nenhuma novidade, e desta forma se coloca como *saber de homens de seu tempo*, uma vez que nada mais eram do que explicações pseudo e pretensamente científicas, aptas a justificar e legitimar determinado estado de coisas, relações de poder e relações de produção. Como escreve Zaffaroni, "este saber central fue exportado [... las minorías governantes lo adoptaron, em forma que cumplió una doble función: justificar la dependencia del poder mundial y la hegemonia de las elites" (1988, p. 67).

Pode-se dizer que, embora em termos de narrativa e verdade criminológica o positivismo tenha rivalizado com o classicismo, como resposta ao fenômeno criminal, enquanto perspectiva política o positivismo nada mais foi do que o aprimoramento científico e a consolidação da verdade classicista (de uma classe sobre as outras). Mediante o auxílio da ciência/verdade que permite que a versão dos vencedores se tornasse a única narrativa aceita.

Nesta linha Zaffaroni (1988) trata do positivismo criminológico como sendo o *primeiro apartheid criminológico*, na medida em que se constituía num verdadeiro saber apto a legitimar cientificamente a diferença, a segregação e o extermínio, de determinados grupos de pessoas.

Nesse sentido escreve Zaffaroni:

> La abolición de la esclavitud no tuvo ningún efecto magico, sino que en algunos casos empeoró la situación de los negros, quienes continuaron siendo marginados y engrosando el contingente de las clases mas desvalidas de los países latinoamericanos con influencia étnica africana. Sin duda que en esos paises se agrupan en el ámbito social más desprotegido y vulnerable a las formas más violentas de control. (ZAFFARONI, 1988, p. 80-81)

É a partir desse caráter que se busca abordar o positivismo, enquanto compreensão da realidade social, para compreender a formação socio-histórica brasileira e latino-americana. No sentido de entender como o positivismo criminológico se alinha à prisão e as relações de produção, em meio a um contexto de dependência das elites locais proporcionando elementos de análise para a teoria da dependência e da economia política das práticas punitivas latino-americanas e brasileira.

O que permite situar a função do positivismo criminológico, e sua contribuição, para o apartheid criminológico brasileiro nas primeiras décadas da jovem república brasileira moderna. Que tem em sua essência a segregação social e racial, que, se não mais como lei (após a abolição formal do regime escravista), permanece enquanto naturalidade social e compreensão da vida, que se sedimenta e consolida, sobretudo, desde o reforço da cientificidade/verdade proporcionado pela criminologia científica positivista.

Como escreve Zaffaroni, "brindan el organicismo etnocentrista blanco, y de los mejor dotados, un argumento disfrazado de ciência" (1988, p. 136), serviria para legitimar a novíssima organização social, com base nas velhas dinâmicas de poder, violência e segregação.

Pode-se dizer que a escola do positivismo criminológico viaja à América Latina com suas novidades já ultrapassadas na Europa ocidental desde a tríade Lombro-Ferri-Garófalo e toda a sua herança biologicista-racista-moralista, que eram profundamente utilitárias para os usos políticos necessários à formação burguesa moderna latino-americana e brasileira.

Aponta Gabriel Ignacio Anitua,

> As preocupações com salubridade, a sexualidade e, acima de tudo, o controle do ser humano que o século XIX produziria deram fundamento para que fosse afirmada uma *inferioridade* natural naqueles homens que não compartilhavam as características morais, religiosas, estéticas, etc. da burguesia (ANITUA, 2008, p. 271)

Com isso vicejam em terras latinas da maneira mais grosseira e desnuda um ideário de ordem e progresso, baseado no fundamento da anormal diferença entre supostos níveis de raça humana, apresentando-se como justificação para a segregação e violência (tanto institucionais quanto estruturais). Com base em velhas tradições, como Joseph Gall (1758-1828), que se propôs a compreender o comportamento humano, e suas características, como determinadas a partir da morfologia e desenvolvimento cerebral.

O que se constituiria no antecedente da psiquiatria, também seria o surgimento da compreensão do comportamento humano condicionado/determinado, biologicamente, pela formação craniana/cerebral, que teria ampla aceitação no positivismo.

E que serviria para definir/diferenciar o homem branco do negro, por exemplo, e obviamente que corroborando o maior desenvolvimento moral e intelectual daqueles, e em detrimento destes; da mesma forma que justificando a maior inteligência e aptidão das elites em comparação aos trabalhadores.

Na mesma esteira, para Paul Broca (1824-1880):

> O crânio explicava a raça e medi-lo servia para avaliar o seu conteúdo, que seria diferente e inferior no caso dos negros e dos aborígenes não-europeus, crânios que ele comparava com os das crianças e das mulheres, também inferiores em seu saber. Segundo Broca, os negros e igualmente os mulatos – que lhe criaram um problema, pois ele via na hibridação entre espécies o perigo da extinção – apresentavam um maior desenvolvimento físico, mas em contraposição tinham um menor desenvolvimento cranial (ANITUA, 2008, p. 277)

Joseph Gobineau (1816-1882) por sua vez formula a teoria da pureza racial, que originaria a concepção de raça ariana, que teria tanta acolhida entre as elites europeias francesas no período napoleônico. Assim como no discurso alemão da segunda guerra mundial. Cuja tônica seria a pureza racial, desde a exemplaridade do espécime europeu, supostamente puro, como manifestação de aprimoramento civilizacional, e, com ela, maiores capacidades intelectuais, morais – ou seja, superioridade. E que, todos os outros povos, seriam manifestações de degeneração e atraso, que se identificaria pelo signo da selvageria e luxúria sexual (Anitua, 2008).

Zaffaroni aponta que Gobineau fora embaixador no Brasil, razão pela qual suas ideias tiveram tão grande acolhida (1988) e fosse importante influenciador na política do branqueamento, na medida em que se compreendia a mestiçagem como manifestação de atraso hereditário, atávico, e, portanto, um obstáculo civilizacional a ser ultrapassado.

Na mesma linha ,Benedict Morel (1809-1873), desde a nascente psiquiatria, formularia a ideia de degeneração física, intelectual e moral da espécie humana, o que se desenvolveria como a prova cabal da inferioridade das espécies distintas da raça branca, culminando com o alerta do risco da mestiçagem, colocando a figura do mestiço como ser intermediário, sujeito aos vícios e às falhas das raças inferiores e seus estágios de desenvolvimento ainda não percorridos, como escreve Zaffaroni, "el mestizo ser, en el mejor de los casos, un desequilibrado moral, siendo el mestizo sin moralidade ni caracter, a merced de todos los impulsos" (1988, p. 142).

É interessante, como essa herança viaja aos trópicos, exatamente no contexto de formal libertação do contingente escravizado, utilitariamente no momento em que se precisava legitimar a liberdade parcial (somente para o trabalho), e a igualdade (benevolente), ainda que não permitisse ou proporcionasse poder político;

Ambas dirigidas a dar mais um passo nas relações de produção, aprimorando a lógica dos custos, e no mesmo ato constituindo um mercado interno (consumidor), ainda que de segunda classe; e também consolidando uma estrutura teórica apta a legitimar o tratamento diverso e repressor das novas sociabilidades conflitantes - o controle socio-penal e a gestão dos corpos negros legalmente livres.

Como uma das primeiras narrativas criminológico-críticas que proporciona a conjunção da crítica criminológica, ou da denúncia da violência com a questão racial, como intersecção indispensável da história, Ana Luiza Pinheiro Flauzina escreve, acerca da construção de uma narrativa vitoriosa, e uma narrativa que foi apagada em prol de um discurso de democracia racial, que permitiria naturalizar e encobrir a lógica de violência estrutural e institucional, que continuava (e continua) reinando na república brasileira:

> Assim, como donos do passado, num monopólio autoral em que não cabe a versão dos dominados, foi possível ao segmento branco forjar os processos de naturalização que fariam da interiorização da supremacia branca e da subordinação negra o grande legado do nosso racismo. Diante de tal narrativa restou aos negros somente o presente. Um presente sem causas, só de consequências. (FLAUZINA, 2006, p. 38)

Como aponta Abdias Nascimento (2016. p. 58), acerca de uma circular de 13 de maio de 1898, editada por Rui Barbosa, ordenando destruir, à fogo, todos os documentos históricos que relatavam o tráfico e comércio de escravos. O que fazia parte da construção de uma narrativa de democracia racial, condizente com a novíssima república burguesa.

Nas mesmas pegadas, a antropóloga Lilia Moritz Schwarcz (1993), na obra *O Espetáculo das Raças: cientistas, instituições e questão racial no Brasil 1870-1930,* narra o processo de construção de algumas das principais instituições responsáveis pela edificação de determinada imagem de país, e isso passava pela edição de determinada imagem de passado, para se projetar uma proposta de futuro.

Aborda a construção, características e contexto das primeiras escolas de direito, de medicina, também os primeiros museus etnográficos e os primeiros institutos histórico-geográficos e como por essas vias, o positivismo – como o que havia de mais moderno em termos e pensamento e com isso o que se apresentava como signo do desenvolvimento –, é inserido como conhecimento e narrativa etiológica na compreensão social brasileira, acerca de si mesma, e desde o marco da pureza racial, tendo como obstáculo a ser ultrapassado a mestiçagem e seus reflexos físicos e morais degenerativos.

Chama muito a atenção como a história negra e indígena é situada como segmento dos museus antropológicos, etnográficos, ou de história natural, juntamente com os estudos dos ancestrais, dos animais, das heranças ou da animalidade; marca da degeneração e selvageria do povo brasileiro. De outro lado, como a história corrente, e do povo branco estava reservada a discussão e construção junto aos círculos intelectuais dos institutos de geografia e história, ou, como a própria autora intitula "guardiões da história oficial" (SCHWARCZ, 1993, p; 129).

Como anteriormente se tratou, as duas cidades de Chalhoub (1988), a cidade branca e a negra, também se constrói duas histórias distintas, a da civilização, e da barbárie que nunca deixaria de ser a marca de determinados segmentos sociais – e essa marca haveria de ser imensamente útil para os fins políticos desses mesmos contingentes sociais.

Ao mesmo tempo que os institutos e os museus formulavam e recontavam a narrativa, as faculdades de medicina e de direito permitiam a prática, a intervenção, a produção da sociedade idealizada; ou, como Lilia Schwarcz denomina em seu último capítulo, "como sanar uma sociedade doente" pela negritude e mestiçagem?

É exatamente nesse cenário que o positivismo criminológico tem imensa acolhida, nas Faculdades de Direito e de Medicina, a partir das quais se indicariam as patologias a serem tratadas.

Nesse sentido que se acompanha, talvez as duas principais obras a darem o relato da adesão ao positivismo criminológico em *Terra Brasilis*, Marcos Cesar Alvarez em *Bacharéis, Criminologistas e Juristas* (2003) e Evandro Piza Duarte em *Criminologia e Racismo* (2011), nos quais perquirem as raízes e matrizes do positivismo na construção do sistema de gestão e controle dos corpos na modernidade brasileira, que se pode tomar como sistema sociopenal.

Evandro Piza Duarte concentraria sua análise na geração fundadora, que proporciona a entrada no positivismo criminológico no território e no imaginário social e político; abordando a contribuição de Tobias Barreto, Raimundo Nina Rodrigues, e Clovis Bevilacqua, que em realidade expõem o núcleo central da intelectualidade brasileira, que, notoriamente aderem utilitariamente à resolução da suposta guerra entre o classicismo x positivismo pela via da defesa social e a aplicação diferenciada das normas penais, desde uma orientação proporcionada pelo positivismo em prol da ordem social positiva e o desenvolvimento moderno (evolucionista).

Mas não sem antes, obviamente, resgatar as matrizes originais do positivismo, que se constitui na escola italiana, e que proporciona diferentes perspectivas positivistas, com específicas e distintas nuances, que se necessita, ainda que sinteticamente[9], pontuar acerca do positivismo central lombroso-ferri-garófalo, uma vez que são fundamentais para compreender o controle social brasileiro, na passagem da sociedade escravista colonial para a sociedade mercantil laboral.

---

9 uma vez que já existe vasta bibliografia acerca dessa reconstrução das criminologias tradicionais, legitimadoras como as define Zaffaroni, e que se pode conferir em Criminologia da Libertação (Leal, 2018), Criminologia da Reação Social (Aniyar de Castro, 1983) A questão Criminal (Zaffaroni, 2013), Criminologia Critica e Critica do Direito Penal (Baratta, 2011), História dos Pensamentos Criminológicos (Anitua, 2008), América Latina e Sua Criminologia (Del Olmo, 2004) e A ilusão da Segurança jurídica (Andrade, 2015), para ficar apenas nesses, tendo em vista que a lista é interminável.

Como diria Gilberto Bercovici (2008), a passagem da sociedade feudal europeia para a moderna, foi a troca da submissão à Deus, pela divindade da Ciência, pretensamente racional e burguesa como forma de justificar, explicar e legitimar a ordem social vigente.

Disso decorrem, primeiramente, seus caracteres ou premissas epistemológicas, que no contexto da segunda metade do século XIX, em meio ao auge da Revolução Industrial no mundo desenvolvido, e ao processo modernizador na periferia do capitalismo é que irrompe o positivismo utilitariamente enquanto metodologia do conhecimento e sobretudo como forma de ver o mundo e a explicar a realidade social e criminal.

Nesse sentido que o positivismo se apresenta, antes de tudo, como uma base epistêmica de compreensão da realidade, e que, desde a síntese de Massimo Pavarini (1983), pode-se salientar os seguintes elementos: (a) a produção de uma interpretação mecanicista da realidade social, baseada em uma dinâmica de causalidade (etiologia, enquanto consequencialidade causa-efeito), que permitia arrogar-se uma suposta e pretensa (b) objetividade na interpretação, análise e explicação da realidade social (leia-se neutralidade) do que se estava produzindo como condição para a conduta criminal, que, conforme Evandro Piza (2011, p. 107), permitiria a construção de uma *fauna carcerária e das classes inferiores* como imagem da periculosidade, da criminalidade e da patologia social, que se apresentava não diretamente ligado aos interesses das classes superiores.

Permitia-se construir o fenômeno criminal como resultante e manifestação de (c) processos naturais, e patológicos, do que se concluía pela inferioridade biológica, cultural e civilizacional de seu contingente, condicionado e determinado; resultando na consolidação de um ideário de (d) defesa social como política de combate ao fenômeno e aos inimigos naturais, patológicos; naturalizando e legitimando (a-histórica e a-políticamente) a repressão e controle (gestão política) da população considerada patógeno social.

Diante disso, pode-se apontar que o surgimento da ciência positivista, como forma de percepção e construção da realidade material, apresenta-se mais como uma etapa da normalização das relações, e de gestão dos corpos, do que de uma prática ou advento revolucionário. Na medida em que o positivismo se presta eminentemente para a consolidação da ordem capitalista, e, portanto, precisava de um marco teórico que proporcionasse essa imagem societária.

Evandro Piza Duarte apresenta uma síntese da relação entre o classicismo e o positivismo em um contexto de necessidade de conciliação e de liberalismo periférico,

> [...] não são resultado da coerência ou incoerência discursiva dos clássicos ou dos positivistas, do estágio adiantado deste em relação àqueles; tampouco constituíram uma peculiaridade nacional, como já se afirmou, mas das necessidades de controle social no seio das sociedades capitalistas centrais, o qual se desloca das liberdades burguesas em face à nobreza feudal para a garantia da ordem burguesa em face ao proletariado urbano (2011, p. 111).

A partir disso, permite-se adentrar mais propriamente no que Zaffaroni (1988) chamou de o primeiro *apartheid criminológico*, e que proporcionou uma matriz teórica para legitimar toda a estrutura de dominação, exploração e segregação na sociedade moderna, desenvolvida ou em desenvolvimento, inserindo-se nesse contexto as sociedades latino-americanas e brasileira, na passagem do escravismo para o trabalho assalariado e a prisão como sendo as instituições, que recepcionaram e permitiram com que a grande massa social adentrassem na modernidade sob a via da subordinação.

A partir da leitura e interpretação de Maximo Sozzo (2006), acerca da adaptação, recepção, ou tradução em sentido amplo do positivismo, que já se resgatou em outro trabalho, por ora resta apontar que o positivismo fora absorvido, na América Latina e no Brasil, de maneira plurifacetada e de acordo com as necessidades de cada localidade.

Tomando como foco a realidade brasileira, Cesare Lombroso[10] seria absorvido e proporcionaria importante base para a política criminal de um projeto de modernização brasileira, seria o *lombrosianismo* marcado, em primeiro lugar pela continuação do *darwinismo social*, e pela pauta de como lidar com as chamadas raças inferiores, e, sobretudo, com as marcas da empreitada colonial (DUARTE, 2011).

Apresenta-se extremamente útil o *lombrosianismo darwinista*, na medida em que servia a justificar/explicar a relação entre os seres mais aptos sobreporem-se aos menos aptos, o que fora de grande valia e verossimilhança dentro da narrativa que os povos europeus canibalizaram (antropofagicamente) material e culturalmente os povos ao redor do mundo, edificando a sua superioridade e aptidão (ZAFFARONI, 1988).

---

10 Autor de L'uomo Delinquente (1876), La Donna Delinquente (1893), entre várias outras obras, que demarcam a construção do que Piza chamou uma verdadeira fauna da criminalidade do século XIX (Duarte, 2011).

Além do argumento justificador do colonialismo, e em parte decorrente do mesmo, tem-se também a compreensão antropológica e biologicista do fenômeno criminal, que se apresenta sob a forma do atavismo como causa unidirecional da criminalidade, que nada mais era do que permanência de determinados grupos, povos, indivíduos em estágios menos desenvolvidos biológica, psíquica, moral e civilizacionalmente, e por isso, apresentavam algumas características, tais como a maior agressividade, violência, ou mesmo menor sensibilidade à dor. O que, além de ter justificado a dominação colonial, servia para explicar o porquê das estruturas de controle social e violência institucional recaíssem sobre esses setores sociais (LEAL, 2018).

Com isso se os colocava – negros cativos e libertos – em condição de barbárie, quase animalidade, ou selvageria, que seria prevenida ou controlada mediante o ferramental da criminologia positivista.

O que, obviamente era confirmado, com a terceira nuance – pode-se dizer eminentemente metodológica – desenvolvida por Lombroso, desde a utilização da estatística, para confirmar a premissa de maior incidência de violência, agressividade, ou predisposição desde a apresentação de marcas físicas, biológicas ou deterioração moral nas classes inferiores. Utilizando-se de casos exemplares (DUARTE, 2011) como comprovação pretensamente objetiva, revestindo-se de uma metodologia desinteressada e científica.

Servindo para confirmar e legitimar a guerra mediante a conformação de um direito penal contra as classes e grupos identificados como permanência da selvageria, e controlar, mediante políticas criminais, os atrasos morais e antropológicos dessas raças tidas como inferiores.

Pode-se acrescentar ainda, a influência *garofaliana*, ao modernismo penal ou punitivismo brasileiro, que se reveste não apenas de uma biologicismo pretensamente científico a fim de justificar a perseguição das classes inferiores, como também de toda uma construção de base moral, proporcionada por Raffaele Garófalo (1851-1934).

Nesta linha, buscaria não na forma (biológica) interior ou aparência do *delinquente*, mas em seu espírito. Pretendendo uma base atemporal e a-histórica de definição da conduta criminal, a partir dos sentimentos morais que acreditavam inatos, tais como a probidade e piedade, com o que construiu a definição de delito natural, e consoante a ela, seu autor constituir-se-ia em inimigo natural.

Formula a definição mais abstrata e metafísica do positivismo, não sem influência do *darwinismo*, que lhe permitia atribuir ao povo europeu e sua carga de valores morais como sendo a manifestação do ápice da evolução, desenvolvimento e civilidade humana; e em comparação, todo o resto como estágios e manifestações menos desenvolvidas. Uma espécie de atavismo moral (DUARTE, 2011), que era transmitido hereditariamente, condenando aos grupos sociais que não se adequavam ao padrão de conduta e moralidade da civilização europeia ou dos interesses sócio-historicamente dominantes.

Obviamente que, um homem negro escravizado, atentar contra a vida de seu senhor, o que fazia parte constante da vida colonial brasileira, em nada tinha a ver com o fato de uma vida de opressão, violência e privação, mas sim com a demonstração objetiva de que o indivíduo negro, como pertencente à cultura bárbara, lhe transmitiam valores de desconsideração da vida e do sofrimento alheio, que lhe eram insensíveis.

Como aponta Evandro Piza Duarte, remontando ao próprio Garófalo, o sentimento moral de simpatia se manifestava entre indivíduos semelhantes, e essa seria a explicação da violência negra em face aos brancos, reafirmando a sua inadequação aos valores culturais e morais civilizados (DUARTE, 2011).

Ainda, um jovem europeu faminto em meio à penúria do século XIX, ao furtar um pedaço de pão, ao invés de ser manifestação da latente questão social e exploração da mão de obra, nada mais era do que incapacidade moral de adequação ao valor da probidade, e do sentimento moral de distinção acerca do pertencimento das coisas.

Definiu como *mala vida*, como todo indivíduo ou grupo social permeado por um ambiente moral e comportamental que não se adequavam ao código de valores sustentadores da organização social burguesa que se consolidava. Inserindo, nesta categorização, segmentos muito interessantes, ou mesmo úteis à ordem dominante, como anarquistas, socialistas, sindicalistas, ou seja, todo e qualquer segmento, que, de alguma forma, ofereciam algum obstáculo ou problema para a naturalização e consolidação do modernismo capitalista industrial.

Identificava-se como incapazes de adequação aos valores sociais e a esse estágio da evolução humana, e portanto, como inimigo natural (ZAFFARONI, 1988), ou, como escreve o próprio Garófalo, citado por Piza Duarte, "o delinquente não se denuncia apenas pelo ato criminoso, mas pela coerência desse ato com certos caracteres especiais [...] o crime é portanto o sintoma de uma anomalia moral" (2011, p. 121-2).

Por fim, a sociologia criminal *ferriana*, que atento à realidade social desde uma perspectiva das elites coloniais e do capitalismo central, acresceria mais um elemento condicionante à etiologia criminal positivista – os fatores mesológicos.

Assim entendia Enrico Ferri (1856-1929), acerca dos elementos social e ambiental, como sendo espaços em que poderiam proporcionar a proliferação de bactérias e patologias, ou seja, ensejar a manifestação da anomalia comportamental; com isso alavancar a degeneração moral e comportamental, inserida em um ambiente pernicioso.

Neste momento se insere uma perspectiva multifatorial na identificação etiológica da conduta criminosa, com base no ambiente social, geográfico, familiar, climático (...) na qual cada sujeito estaria inserido (RAMIREZ, 1983).

Isso permite a Ferri inverter/alargar a compreensão de perigosidade de Garófalo, para uma ideia de estado perigoso ou temibilidade do delinquente, que não dizia respeito restritamente ao fato cometido, mas, abrangentemente, ao agente e seu contexto; a conduta e a prognose de recuperação do mesmo. A prevenção não diria respeito somente à repressão do ato individualizado, mas atacando todo o ambiente do qual esse comportamento brotaria. Disso dependeria todo seu programa de política criminal e tipologia criminal, prevendo, desde os criminosos lombrosianos (loucos e natos), até as versões resultantes de um meio social desajustado, como os crimes decorrentes de hábitos adquiridos (ocasionais e habituais) (DUARTE, 2011).

Com isso fecha-se o cerco dos elementos condicionantes, que propõe o positivismo para um projeto de modernização da sociedade, e que, em se tratando de história brasileira se encontrariam enfeixadas, num primeiro momento, nos quilombos, depois nos cortiços, e atualmente nas periferias e favelas, todas como representação *negróide* do atraso antropológico, da degeneração moral, e também como um ambiente social propício para a propagação de patologias sociais e criminógenas; tendo sido o *lócus* de atenção privilegiada dos mecanismos de controle e gestão populacional, a partir do que, passa-se a abordar o positivismo à brasileira.

Absorvido pela *intelligentsia* brasileira, para legitimar o capitalismo colonial escravista ou para projetar o capitalismo desenvolvimentista dependente, o positivismo criminológico se apresenta como elemento fundamental na transição brasileira para a modernidade e seus mecanismos de contenção das classes inferiores. Proporcionando o ferramental teórico e discursivo apto a conduzir a escravaria da senzala à prisão e a construir um universo cultural com base no trabalho/exploração, mediado pelos mecanismos de controle social.

Nesse sentido, o processo de absorção do positivismo, não se dá meramente como um processo de recepção, mas de maneira criativa pelos intelectuais e elite local, como aponta Sozzo (2006), na medida em que é adaptado às necessidades políticas e contextuais de cada localidade.

Como se pode verificar, na primeira geração de modernizadores do sistema penal brasileiro, cujos elementos foram sumariados por Evandro Piza Duarte (2011), e, que ingressam no universo cultural e intelectual brasileiro por meio da influência da erudição da Escola de Recife.

Dentre os primeiros tradutores do positivismo criminológico e do *defensismo* penal, o primeiro personagem é TOBIAS BARRETO (1839-1889), que dentre os elementos que tomaram sua atenção, como menores, loucos e até mesmo a questão da criminalidade feminina. O que se pretende trazer aqui, como elemento fundamental da sua formulação, é o que se pode chamar de o primeiro *apartheid brasileiro*, consoante a denominação de Zaffaroni (1988) tratando do positivismo criminológico.

TOBIAS BARRETO iria formular e justificar uma versão *defensista* do sistema penal brasileiro, como signo da modernidade e evolução (*darwiniana*) das instituições, que seria manifestação do aprimoramento racional e das relações; num sentido organicista, precisariam ser tuteladas e protegidas (pública e institucionalmente – pelo Estado), como forma de manter a saúde e o bom funcionamento.

TOBIAS BARRETO faria um paralelo da pena com um sacrifício, e do sistema penal com uma máquina de guerra. Nesse sentido escreve Evandro Piza, problematizando o intelectual brasileiro mestiço, que justificava a pena em uma sociedade racista:

> Que o sistema penal não poderia ter uma administração científica racional, pois era uma irracionalidade necessária. Nenhum argumento poderia tirar-lhe esse tom; caso contrário, tinha-se a impunidade, o ataque ao bem fundamental, à ordem social. O sistema penal era uma máquina de guerra. O direito uma arma. Punir era sacrificar. Em benefício da sociedade? Mas em qual sociedade o autor construía esse discurso? (2011, p. 217)

Assumindo a irracionalidade (supostamente necessária) contra o crime e o criminoso, como necessidade de uma sociedade, como organismo saudável, nada mais estaria fazendo do que legitimar a segregação das chamadas e consideradas raças inferiores, quando aponta que a necessidade, sequer precisava ser racional, em alguma medida manifestava de maneira autêntica o que atualmente se tem chamado de populismo penal, ou seja, o principal argumento é a necessidade de tais medidas, independente de sua racionalidade. Sua principal sustentação seria a imprescindibilidade das mesmas para o controle social, e saneamento e preservação dos valores e das tradições que colocavam aquele modelo e ordem social de pé.

O segundo, e sem dúvida o principal expoente do positivismo brasileiro, é o médico RAIMUNDO NINA RODRIGUES (1862-1906), que, dentro de uma perspectiva de positivismo criminológico, e, desde uma influência lombrosiana-garofaliana, desenvolve sua teoria acerca da responsabilidade penal, sobretudo, pensando numa realidade brasileira que não se dividia apenas entre o negro e o branco, mas que tinha a figura do mulato/mestiço, que, opostamente à sua época, era profundamente pessimista em relação ao processo da mestiçagem – construída como caminho ao embranquecimento da população –, Rodrigues iria questionar o quanto do sangue e da hereditariedade negra permaneceria no mestiço, e juntamente com essa herança, sua carga de predisposição criminal (DUARTE, 2011).

Colocando a mestiçagem como mais um problema a ser pensado, e não simplesmente como uma solução para o Brasil negro. Assim escreve Evandro Piza:

> As diferentes raças não se extinguem no mestiço para em seguida dar lugar ao branco depurado; ao contrário, convertem-se nos mestiços em diferentes graus ou subtipos, coexistindo ao lado de tipos puros. O problema dos diferentes graus de mestiçagem permitia ao autor representar sua preocupação com o legado negro e selvagem, presente e transformado na nova ordem nascente (DUARTE, 2011, p. 240)

Em uma preocupação com o caso do mestiço e da mestiçagem enquanto politica de branqueamento na sociedade brasileira, NINA RODRIGUES resgata o lombrosianismo, no que ele entente por tipo puro negro, como manifestação do atraso antropo-biológico, e sua aproximação à estágios bárbaros da humanidade, e a junção com a concepção moralista transmitida hereditariamente e condicionada enquanto modelo racial. Permitindo definir as raças inferiores, também, como modelos morais imperfeitos, anômalos e patológicos, a justificar a bestialização desses contingentes populacionais e culturais.

Nesta linha analítica, consideradas as diferenças teórico-metodológicas, aproximam-se TOBIAS BARRETO e NINA RODRIGUES, tendo em vista que, quando se erige e constitui – como aponta Barreto –, em máquina de guerra, contra os infratores/perigosos,   e NINA RODRIGUES propõe a edição de um direito penal e tratamento desigual diante da fauna racial brasileira. Considerando tipos puros e tipos mestiços, desde uma perspectiva biológico naturalista, toma-se por base a existência de caracteres identificadores e condicionantes, de comportamento nos tipos raciais. Escreve Evandro Piza, "o exame das causas da criminalidade em um individuo resumia-se em descobrir ate que ponto ele se aproximava do tipo racial criminoso, negro-selvagem, conforme o grau de pureza racial" (2011, p. 243).

Com isso, de maneira muito genuína, coloca-se um direito penal do inimigo brasileiro, que se apresentava dirigido às classes pobres e negras da moderna república, que como descreve Piza Duarte, "Nina Rodrigues *empretecia* a criminalidade para alertar sobre o constante perigo *negro* que sobrevivia no mestiço, [...] Era necessário repensar as ideologias e as estruturas repressivas em implantação" (2011, p.243).

Nesse sentido Ricardo Sontag (2014) acerca da formulação de uma responsabilidade penal diferenciada de acordo com a raça:

> Era absurdo para Rodrigues, admitir que os indígenas ou os negros africanos (mas também os mestiços) pudessem ser submetidos aos requisitos de conhecimento da maldade do próprio ato – e, portanto, à ulterior livre decisão de cometer o crime – previstos no clássico código penal brasileiro (2014, p. 198)

O terceiro expoente, nesse processo de tradução/recepção do positivismo à realidade brasileira, desde uma prática político-intelectual pela chamada escola de Recife é CLOVIS BEVILÁQUA (1859-1944), que também em uma perspectiva dos tipos raciais, já verificado em NINA RODRIGUES, e que utilmente silenciado por Tobias Barreto, permite reforçar o bloco histórico que constitui o negro como tipo racial perigosamente condicionado à criminalidade e à violência, e o mestiço – proporcionalmente à sua influência negra – com seu grau de predisposição criminosa.

Diante disso, escreve Evandro Piza, apontando as pretensões teóricas de BEVILÁQUA, que pretende identificar "na linguagem biológica utilizada ao afirmar que a aplicação da estatística, [...] seria de grande proveito para que a *parte sã do gênero humano* pudesse se armar contra a *parte infeccionada*" (2011, p. 260).

Em síntese, metodologicamente, BEVILÁQUA vai se armar da criminologia estatística de Gabriel Tarde para reafirmar o *lombrosianismo* e evolucionismo *darwinista de* que parte e precisava fundamentar. E, com a conjunção entre essa criminologia de base matemática e a biológica, permite formular sua ideia multifatorial de condicionantes criminais, e a sua resposta profilática e diagnóstica para diversos cenários e situações interpretadas como criminógenas.

Tais como se pode elencar, desde a obra Criminologia e Direito (1896), resgatadas por Evandro Piza (2011) analisando alguns efeitos socioambientais do contexto em que estava inserido (Ceará), o que se lhe permitia formular, que (a) as secas periódicas e extremamente agressivas e desgastantes, proporcionavam a queda dos crimes, sobretudo os violentos, pois as privações causadas pela fome, ocasionavam dom(in)ar as brabeza e brutalidade inculta; ou mesmo que no auge das secas se ampliavam os crimes contra o patrimônio, pois as privações da seca ocasionavam o enfraquecimento da moral e do respeito a propriedade; ou ainda (b) de que as secas intensificavam a imigração, produzindo profilaticamente a saída de malfeitores e criminosos da região; ou, por fim, (c) que a pequena quantidade de crimes sexuais, que manifestava a promiscuidade e moral na região, servia para manter controlados os ânimos e as manifestações de atos violentos (BEVILÁQUA apud DUARTE, 2011, p. 260).

A partir de generalizações resultantes dessa mistura autoritária entre a estatística e a biologia, com retoques de moralidade, pretensamente auto afirmativos, permite o diagnóstico acerca dos tipos raciais mistos. Entendendo como (1) natural e comprovado que os pardos apresentassem maior incidência criminal, visto que a maioria da classe operário era parda; (2) acredita ser preferível o cruzamento de sujeitos manchados pela doença da criminalidade, mantendo-os dentro das raças inferiores, e aos poucos diluindo (mediante a miscigenação), para evitar poluir a raça branca mediante o cruzamento com indivíduos viciosos; (3) e aponta, por fim, quando o preto cruzava com o branco, a predisposição diminuía, mas se esse mestiço volta a cruzar novamente com o negro, a tendência volta a se elevar.

Ou seja, a predisposição e condicionamento criminal estaria, diretamente, ligado a proporcionalidade do sangue e da alma (moralidade) negra dentro de cada indivíduo. O que nada mais era do que uma compreensão evolucionista com ares de verdade fornecida por dados pretensamente comprovadores da estatística criminal, que nada mais eram do que a demonstração da maior vulnerabilidade criminal do contingente de negros, cativos ou libertos e seus descendentes mulatos e mestiços; pobres e sua condição dentro do projeto modernizador brasileiro e a necessidade de controle dos desvalidos por parte da elite dirigente.

O segundo espaço no qual faz eco o positivismo criminológico em suas diversas e variadas versões de racismo e elitismo é a escola paulista, e que se resgata a partir da narrativa e contribuição sócio-histórica de Marcos Cesar Alvarez (2003).

Com isso, não se pretendeu realizar um extenso e aprofundado mergulho na história das ideias, como outros autores o fizeram – a saber Evandro Piza Duarte (2011) largamente adotado para esse trabalho, ou mesmo Ricardo Sontag (2014), quando do estudo do processo de codificação do Código Penal republicano –, uma vez que não é esse o objeto desse estudo, mas recolher alguns elementos teóricos que permitem demarcar os elementos característicos do positivismo brasileiro em seu processo de modernização e conformação da chamada nova escola penal.

Neste momento se desloca o centro de análise, pois São Paulo se tornava o centro político e econômico do país, com o processo de industrialização, e porque não dizer o centro intelectual. A escola paulista situada no Largo São Francisco, o primeiro a que se faz referência, é PAULO EGÍDIO (1842-1906).

Cumpre chamar atenção que, enquanto a Escola de Recife tinha como mote a construção das ideias positivistas, em um sentido de atualização e modernização intelectual, de acordo com as novas ideias que estavam em voga no centro do mundo ocidental; a escola Paulista, ou porque não dizer o eixo Rio-São Paulo, tem como foco, sobretudo, a transformação e reforma da prática penal e suas instituições a partir das novas ideias. Absorvendo tais ideias com um tom mais pragmaticamente político normativo.

Já com esse tom se verifica o trabalho de PAULO EGÍDIO, que como aponta Marcos Cesar Alvarez, em obra célebre *Bacharéis, Criminologistas e Juristas: saber jurídico e Nova Escola Penal no Brasil* (2003) que, não obstante pretendesse defender a sociologia criminal, se consubstancia na ferrenha defesa da escola antropológica positivista e os ideais de modernização criminal positivista, a partir da compreensão do crime como anormalidade delinquente; buscando inclusive contrapor a tese do sociólogo francês Emile Durkheim (sobre o crime como fenômeno social normal).

Alvarez resgata os escritos de economia política e questões de direito penal do autor:

[...] entre as instituições de prevenção aos delitos, Paulo Egídio enumera as seguintes: estabelecimentos, asilos, casas de trabalho para os vadios e mendigos; sociedades de educação para crianças abandonadas, asilos agrícolas, asilos industriais, orfanatos e estabelecimentos de educação para meninos viciosos de um e de outro sexo [...] (ALVAREZ, 2003, p. 102-3)

Seguindo essa perspectiva, assim como contrapõe a normalidade da conduta criminal, postula a adoção de respostas científicas positivas de combate eficiente à criminalidade, o que pautou sua atuação como sujeito político que trabalhou pelas reformas penais e modernização positiva das instituições penitenciárias.

Na mesma linha, CANDIDO MOTA (1870-1942), intelectual, jurista (promotor público) e político, pautou sua atuação pela reforma e introjeção do positivismo nas instituições penais, uma vez que, como permite afirmar Ricardo Sontag (2014), analisando o labor de JOÃO VIEIRA (1844-1922), buscando emplacar um código penal positivista, não logrando constituir-se em leis penais, enxerta-se o esse mesmo positivismo enquanto prática jurídica e reformas penitenciárias.

Assim, CANDIDO MOTA elabora sua principal obra intitulada *Classificação dos Criminosos* (1925) que nada mais é que um compêndio e sistematização das vertentes da criminologia positiva, por meio da qual traz ao centro do debate a perspectiva multifatorial de uma antropologia *lombrosiana* como a raça enquanto fator criminógeno, ao mesmo tempo fatores mesológicos *ferrianos*, como clima, classe social, idade, estado civil (...). O que permite desenvolver sua classificação brasileira de criminosos ocasionais e habituais, que formula desde uma condição de degenerescência (no caso dos habituais, o que o aproximava do criminoso nato *lombrosiano*), e os ocasionais, que embora não vislumbrassem anormalidade ou patologia congênita, podia ser explicada *garofalianamente* por deformidade no sentimento e compreensão moral, que podiam proliferar em meios sociais desajustados (ALVAREZ, 2003).

Por sua vez, VIVEIROS DE CASTRO (1862-1906), no centro carioca, dirigiria sua crítica à justiça e ao código criminal classicista, que identificava como burocrática e formalista, demasiadamente preocupado com o fato crime. Enquanto que, a ciência e as novas e modernas ideias penais demonstravam que a atenção deveria se voltar ao criminoso. Nesse sentido, tece crítica ao ponto de partida da codificação que era a conduta, com base no livre arbítrio, que, considerava um equívoco metafísico, pois, proporcionava a impunidade. E portanto, poderia ser muito mais eficiente na função de defesa social desde a compreensão de temibilidade *ferriana* do delinquente.

Advoga ainda, que as decisões e os ensinamentos acerca do fenômeno criminal e seus agentes, deveriam ser sempre guiados pelas áreas e profissionais científicos do conhecimento que permitiam melhor conhecer o agente criminoso. Impondo-se o estudo da medicina legal, psiquiatria, anatomia, estatística e antropologia criminal; buscando-se o conhecimento necessário para julgar e conhecer o criminoso, não como os códigos os descrevem, mas como eles realmente seriam, com suas anomalias físicas e anatômicas (ALVAREZ, 2003, p. 89).

Enquanto síntese do que ficou conhecido como projeto modernizador da Nova Escola Penal, Evandro Piza Duarte resume que "ao contrário, o projeto modernizador era um projeto excludente, que visava à manutenção das relações de subordinação" (DUARTE, 2011, p. 284).

Nesta linha, se Lombroso logrou constituir e legar para a posteridade, ao menos um estereótipo de criminalidade, que ainda que ficasse fora das definições normativas brasileiras, passaram a fazer parte essencial das instituições penais e do fazer penal dos juristas; o positivismo criminológico brasileiro logrou em constituir, pelo menos, o medo branco da alma negra; que, não obstante o discurso de democracia racial, em muito serve à justificação político-jurídica de gestão dos corpos indesejáveis, que se apresenta como grilhão, ora como trabalho, mas também como prisão, segregação, e extermínio das ainda percebidas como classes inferiores.

A base do positivismo criminológico a que Zaffaroni (1988) chamou de o primeiro Apartheid Criminológico, aqui se apresenta como uma verdadeira economia política dos corpos (pobres e negros) ou o apartheid brasileiro, que se apresenta no centro da análise para compreender a formação das elites e da economia brasileira, do trabalho e da penalidade, da fábrica e da prisão.

Ou, como conclusão parcial da análise empreendida até aqui, resgata-se o que aponta a histórica obra de Karl Polanyi – *A Grande transformação: as origens de nossa época* (2012) – "de forma irônica, a contribuição inicial do homem branco para o mundo do homem negro consistiu principalmente em acostumá-lo a sentir o aguilhão da fome" (p. 184).

A violência do capitalismo escravista, e as forças penais[11] proporcionaram o que se tem denominado de subsunção formal do trabalho ao capital por meio de trabalho escravo-forçado, ou mesmo, do que se denomina pretensamente de trabalho livre, sob a ameaça das penas criminais.

Assim como também, ainda que em meio a um discurso de liberalismo (clássico), produziram, com a mesma violência o processo de acumulação originária e as bases para a dinâmica de reprodução do capital (dependente), como aponta Fassoni Arruda, desvelando a falácia do liberalismo brasileiro senhorial e capitalista, tratando da lei de terras esclarece o seguinte sobre os objetivos da lei

> [...] garantir o monopólio da propriedade territorial (nas mãos da antiga classe senhorial) e simultaneamente criar um exército de reserva cujo contingente contribuiria para manter os salários no limite da subsistência (2012, p. 201).

Em síntese, o liberalismo republicano senhorial brasileiro se constituiu sob os cuidados zelosos do Estado, mediante controle econômico de taxas, venda de terras e financiamentos públicos.

E com isso se constitui, talvez, a base fundamental do processo de exploração, mas sobretudo da reprodução do capital, sob uma dinâmica extremamente violenta, que, mediante o uso da força do escravismo, passaria ao uso da força da prisão para gerir os conflitos e desigualdades, para manter a *ordem* da sociedade burguesa (dependente) brasileira.

---

11 Definições penais como a previsão do crime de vadiagem e mendicância como a face inversa das definições de desacato e desobediência, ou mesmo outras tipificações de condutas, ainda mais especificamente formuladas e dirigidas a população negra (liberta) como capoeira, e criminalização das religiões afro, como forma de controle, e sobretudo como dinâmica de condução desses indivíduos a formas subalternas de vida e sobretudo garantindo força de trabalho abundante na novíssima modernidade republicana e liberal brasileira entre a virada do século XIX-XX.

CAPÍTULO 2.
O PARADIGMA DO BEM ESTAR SOCIAL E A IDEOLOGIA RESSOCIALIZADORA: O HUMANISMO FUNCIONAL À LÓGICA DE PRODUÇÃO

2.1 *LIBERALISMO DOMESTICADO, CLASSE E TRABALHO NA PERIFERIA DO CAPITALISMO: os anos de ouro do capitalismo e a condição de dependência*

2.2 *BEM ESTAR, DEFESA SOCIAL E A IDEOLOGIA DA REABILITAÇÃO: o sujeito do trabalho como objeto de intervenção e controle*

2.3 *NEOLIBERALISMO E A NOVA RACIONALIDADE: O abandono do ideário reabilitador*

Neste capítulo, volta-se a atenção para o capitalismo em seu estágio desenvolvido, procurando entender a relação capital-trabalho-prisão e seu discurso punitivo, ideológico, de classe e fundado na reabilitação no contexto de subsunção material do trabalho ao capital, sempre com foco desde uma perspectiva latino-americanista de capitalismo dependente.

Assim, feito o resgate do processo de gestação do sistema penal e punitivo, na realidade latino-americana e brasileira em íntima relação com a transição dependente do capitalismo colonial para a modernidade do capitalismo industrial, e deste ao capitalismo financeiro neoliberal, passa-se a abordar o processo de deslocamento do inimigo, que deixa (em parte) de ser as massas negras e escravizadas, para se concentrar nas massas ameaçadoras de trabalhadores (que, em grande parte, continuam sendo negras).

Aborda-se a construção do paradigma ideológico que proporcionam as bases para esse modelo societário capitalista, que é a ideologia do estado de bem-estar social, seu contexto de formação, e, sobretudo, sua eterna espera (ausência) dependente latino-americana.

CRIMINOLOGIA DA DEPENDÊNCIA **83**

Da mesma forma como essa construção ideologizante de determinado padrão de sociabilidade e de relações sociais é fundamentalmente tributário de outro constructo teórico – a ideologia da ressocialização (reabilitadora e demais ideologias re) –, que se colocam como fundamentais enquanto objetividade (ideológica) legitimadora da (nova)defesa social de um paradigma societário regido, fundamentalmente, pelo sistema penal e pela prisão, como monumento do processo de dominação/controle.

Verifica-se a centralidade da prisão enquanto ferramenta político-econômica, tanto em sociedades pré-industriais (como se viu anteriormente), como para sociedades industriais, e em processo de industrialização, como se aborda nesse capítulo; e também, em sociedades denominadas pós-industriais, que é o objeto do final deste e do terceiro capítulo, ou seja, por isso a importância da econômica politica da prisão e da penalidade para compreender os caminhos da política de aprisionamento e suas conexões, desafios e significados.

Com isso, busca-se dar materialidade ao conceito de ideologia, e, a partir dela, a ideia de ideologia da defesa social, que são fundamentais para compreender o sistema penal e a prisão como estruturas ideológicas de classe, e como mecanismos de manutenção das estruturas sociais, assim como a ideologia do não-trabalho estrutura a reordenação das relações produtivas no neoliberalismo.

2.1. LIBERALISMO DOMESTICADO, CLASSE E TRABALHO NA PERIFERIA DO CAPITALISMO: OS ANOS DE OURO DO CAPITALISMO E A CONDIÇÃO DE DEPENDÊNCIA

Este primeiro tópico, busca situar o momento de consolidação do capitalismo, historicamente conhecido como Era de ouro do Estado de Bem-Estar (*Welfare State,* na sua versão norte-americana), período do pleno emprego (ou mesmo, capitalismo fordista), e tantas outras denominações e formas de se referir aos desenvolvimentos econômicos e sociopolíticos de meados do Século XX.

Entretanto, como apropriadamente orienta a teoria marxista da dependência, não se faz possível olhar para a realidade brasileira, e latino-americana, desde uma abordagem formulada a partir do capitalismo central, e como uma postura *eurocentrista*. Assim como também, não é possível analisar a formação social e econômica capitalista brasileira e latino-americana abstraindo a estrutura internacional de desenvolvimento das relações de subordinação no mercado e divisão internacional do trabalho.

Essa é a abordagem empreendida por Mathias Seibel Luce, na obra *Teoria Marxista da Dependência: problemas e categorias – uma visão histórica (2018)*, na qual esclarece

> O que se está sublinhando é a existência de duas realidades distintas no âmbito do capitalismo, embora muito vinculadas (não são dois modos de produção, mas o modo de produção capitalista articulado enquanto economia mundial), que também expressam por sua vez duas realidades contraditoriamente integradas de formações econômico-sociais, as quais influem e se veem afetadas de modo diferenciado na totalidade que é a economia mundial (2018, p. 30-1)

Na sequência, afirma que, a partir da teoria do valor, a mesma se manifesta como intercâmbio de equivalentes, ao mesmo tempo que negação do intercâmbio de equivalentes; ou seja para que haja capitalismo desenvolvido, esse mesmo precisa do capitalismo subdesenvolvido (WASSERMAN, 2017).

Como sintetiza Vania Bambirra, "os países capitalistas desenvolvidos e os países periféricos formam uma mesma unidade histórica, que tornou possível o desenvolvimento de alguns e inexorável o atraso de outros" (2013, p. 44); ou o capitalismo dependente, em que se realiza trocas não equivalentes, ditadas pela lógica do mercado e do capital internacional e da divisão internacional do trabalho.

Parte-se dessa matriz teórica, que já orientou a pensar o que se, denominou para efeito desse trabalho, de capitalismo colonial – para além de toda a discussão de, se houve ou não capitalismo brasileiro, conjuntamente ao regime escravista –, que agora já se pode compreender exatamente como uma face da negatividade da dialética de que fala Luce (2018). Em que, a super-exploração escravista da força de trabalho escravizada colonial foi fundamental para a constituição do capitalismo regional, e, para a condição de dependência e atraso internacional.

Neste momento, então, ocupa-se dessa lente de análise, das trocas e dos intercâmbios desiguais, para tentar entender e agregar elementos de análise, acerca do período da maturação do capital, tomado aqui como dinâmica fordista de acumulação, e, como isso se apresenta no capitalismo central, e reflete no capitalismo dependente.

Mais que isso, socavar os elementos que ligam esse modo de produção e intercâmbio desigual à questão penal/penitenciária dentro do contexto da política/ideologia do encarceramento em massa, e, o controle social como ferramenta de gestão/controle social da força de trabalho que começará a aparecer, já neste capítulo.

Para pensar o processo de consolidação do capitalismo, enquanto modo de produção global e dominante, foi fundamental começar a desfazer algumas superficialidades e generalizações. Nesse caminho, foi de fundamental importância a *Teoria Materialista do Estado* de Joachim Hirsch (2014), que ajuda a desmontar, que no decorrer do capitalismo (na etapa do século XX) não diminuiu seu ímpeto de acumulação (ou seja, não foi domesticado ou consciencioso), diante das inúmeras crises e problemas surgidos no liberalismo social absenteísta. Assim como, também, não constitui o Estado em comitê de classe da burguesia – como na clássica e dura afirmação do Manifesto Comunista (2010). De maneira simples, ainda que guarde algumas verdades e asserções, não dá conta da totalidade da função estatal, diante da concretude sócio histórica.

Tendo em vista que, desde a forma política do capitalismo – o Estado –, que da mesma forma que o mercado, apresenta-se como resultado das trocas (desiguais), a política e o Estado se constituem como dinâmica de troca e composição de forças sociais, imensamente desiguais, que se interinfluenciam. Assim define Hirsch:

> O Estado da sociedade capitalista não é o instrumento criado conscientemente pela classe dominante, nem a corporificação de uma vontade popular democrática, tampouco é um sujeito ativo autônomo. Ele é bem mais uma relação social entre indivíduos, grupos e classes, a condensação material de uma relação social de força. Material porque essa relação assume uma forma marcada por mecanismos burocráticos e políticos próprios no sistema das instituições, organizações e aparelhos políticos. A aparelhagem do Estado tem uma consistência e uma estabilidade e por isso é mais do que a expressão direta de uma relação social de força (HIRSCH, 2014, p. 37).

Da mesma forma, como também contribui em demonstrar a inocuidade da velha discussão da caracterização do Estado como não interventor, durante o chamado liberalismo clássico (*laissez-faire*), como antagonismo ao Estado enquanto regulador (Estado social).

Para Hirsch, a forma política do capitalismo é o Estado regulador, ou seja, o Estado seria essencialmente interventor no capitalismo. O que Maurizio Lazzarato (2017) chamaria de capitalismo de Estado, em que aponta a construção de um estado cuja marca e função é muito mais convir ao mercado e ao Capital, do que defesa das liberdades, na mesma linha que já havia sido proposta por Domenico Losurdo em A Contra História do Liberalismo (2006)

O que fica claro (além de muito útil no nível de análise que aqui se propõe), que um Estado formado "por soldados e coletores de impostos" (2014, p. 64) não podem ser outra coisa, senão manifestação de intervenção. Como escreve lapidarmente Karl Polanyi, "o *laissez-faire* não era o método para atingir alguma coisa, era a coisa a ser atingida" (2012).

A questão é, que tipo de intervenção. Como quando Marx (2017) no livro I do Capital narra a insurgência dos empresários com a imigração para a Nova Inglaterra, onde a força de trabalho seria melhor remunerada, diminuindo a superpopulação relativa e forçando a elevação dos salários, alterando o equilíbrio de acumulação inglesa; ou ainda, como aponta Pedro Fassoni Arruda (2012) sobre a exigência da burguesia brasileira, proprietária de escravos, sobre a indenização a ser paga pelo Estado, por cada negro liberto na segunda metade do século XIX.

A face interventora (do coletor de impostos) liberal do capital e em prol do capital, é substancialmente conhecida, sobretudo, na literatura da filosofia política e econômica. Como arremata Polanyi:

> A história econômica mostra que a emergência de mercados nacionais não foi, de forma alguma, o resultado da emancipação gradual e espontânea da esfera econômica do controle governamental. Pelo contrário, o mercado foi a consequência de uma intervenção consciente, e as vezes violenta, por parte do governo que impôs à sociedade a organização do mercado, por finalidades não econômicas (2012, p. 274)

E ainda, a sua face violenta (do soldado), que está intimamente ligada ao modo de produção e em prol do modo de produção, é em grande medida o que se deseja demonstrar ao longo desse trabalho.

Para chegar ao final desse capítulo e poder ter demonstrado, como a violência da prisão esteve ao lado da subsunção material do trabalho ao capital, ao longo do século XX. Assim como, contribuiu substancialmente para a subsunção formal no século XIX, e espera-se, demonstrar a nova fase da subsunção do trabalho ao capital, também pela via da violência penal/prisional – subsunção virtual no século XXI no último capítulo.

Narrativas que por si só, ratificam a citação anterior, de que o Estado, antes de se apresentar como um Comitê da Classe burguesa, se apresenta como uma arena (não quer dizer democrática), de grupos de interesses e força política, que produzem um determinado processo de estabilização, e que, de acordo com o contexto histórico de crises e conjugação de lutas e disputas, acabaram ocasionando na dinâmica de controle/contenção das práticas econômicas e suas relações de produção. Afinal de contas, como escreve Hirsch:

> Quando essas relações de força movem-se, ou seja, quando em uma situação de crise econômica, o capital vê seu lucro consideravelmente prejudicado em razão de concessões sociais, e os assalariados estão politicamente enfraquecidos pelo desemprego, modifica-se todo espaço e conteúdo da política estatal, e assim também a posição relativa e o significado de cada aparelho do Estado (HIRSCH, 2014, p. 38)

Em síntese, a pretensa domesticação do capitalismo nos anos de ouro das políticas sociais e do pleno emprego, nada mais foram do que resultado de uma determinada conjunção de forças sociais que alteraram, ao menos em parte e temporariamente, a lógica de subordinação das forças sociais, não tendo acabado com a exploração e, tampouco, com a reprodução ampliada do capital.

Como Joachim Hirsch define, foi uma composição de forças, necessárias para a manutenção do regime de acumulação, que ele define como "períodos mais ou menos extensos, as relações de correspondência entre as condições materiais de produção e seu desenvolvimento, com o seu consumo social" (2014, p. 106).

Explicando, cada regime de acumulação seria composto por um modo de acumulação e um modo de regulação. Por modo de acumulação, entende como sendo o complexo de instituições, relações e normas pautados a partir de uma lógica baseada na competição, na mercadorização das relações sociais, em uma sociedade voltada ao intercâmbio e orientadas à acumulação de capital e exploração (do material e imaterial, do humano e do não humano).

De outro lado, aponta ainda, que determinado modo de acumulação, só pode se manter mediante um determinado modo de regulação, que se apresenta igualmente como um complexo de instituições sociais que proporcionam o lastro de legitimidade e hegemonia à determinado modo de acumulação, enquanto compreensão dominante da vida social.

Elenca entre essas organizações, desde as empresas, os sindicatos, a fábrica, passando pela estrutura politico-administrativa, a mídia de massa, e até mesmo a escola e aparatos científico educacionais, chegando à família, enquanto estrutura última de reprodução da dinâmica de um determinado modo de acumulação.

Ainda que não elencado na análise de Hirsch, toma-se nesse trabalho a prisão enquanto manifestação de ambas as estruturas – de diferentes maneiras –, a instituição carcerária como parte do modo de acumulação, na medida em que interfere diretamente nas relações de produção, seja gerindo superpopulação relativa e exército de mão de obra de reserva, ou mesmo, regulando indiretamente valores de salário; ou ainda, o aprisionamento enquanto modo de regulação, quando, mediante a ameaça do controle social, normaliza determinada estrutura de valores e interesses sociais como corretos – hegemonizando-os, no sentido atribuído por Hirsch e desde uma perspectiva *Gramsciana*,

> Significa a capacidade de implantar representações generalizadas, abarcando classes e grupos sociais, sobre o ordenamento correto e o desenvolvimento da sociedade; ou seja, a capacidade de conferir uma base para a ideia de que a ordem existente e suas perspectivas de desenvolvimento seriam, em geral, também capazes de incluir os interesses de setores subordinados da sociedade (2014. p. 117)

Segue na mesma linha de Tilman Evers, em uma clássica obra acerca das funções do Estado na periferia capitalista (1989) colocando como elementos de atuação do Estado, como forma política do modo de produção capitalista (a) a inserção no mercado mundial/internacional desde a lógica concorrencial, e subordinado às trocas desiguais; (b) imposição interna das regras gerais de mercado, como face da hegemonização dos interesses privados, e (c) como garante do fornecimento direto e beneficiador indireto da mão de obra, que vai desde a ideologização até a coerção da força de trabalho.

Como se apontou acima, e olhando para o verso da mesma moeda da hegemonia do capitalismo central, apresenta-se a subordinação do capitalismo dependente, sua forma política e sua hegemonia interna.

Retomando a afirmação de Hirsch – o capitalismo foi criado pelo coletor de impostos e pelo soldado –, esta alegoria, não poderia ser mais apropriada, para começar a tratar a realidade latino-americana e especialmente brasileira.

No caso brasileiro, o desenvolvimento do capitalismo – diferentemente do centro do mundo desenvolvido, começa a se preocupar com questões sociais, como forma de impedir um novo processo revolucionário, e ainda assim, o faz mediante manutenção da reprodução ampliada do capital –; ou no liberalismo subordinado tupiniquim, as variações hegemônicas eram de um liberalismo internacionalista agrário-exportador, à um liberalismo desenvolvimentista (nacionalista); ou seja, apenas duas variações de um mesmo projeto ou modo de acumulação, à qual correspondia um específico modo de regulação.

A partir de um recorrido teórico, encontrado na obra *Capitalismo dependente e relações de poder no Brasil -1889-1930 (2012)* de Pedro Fassoni Arruda, que passa pelas principais teorias e autores que buscaram interpretar o desenvolvimento econômico brasileiro, entre o final do século XIX e meados do XX, pode-se apontar que – após o encerramento do ciclo escravista brasileiro – a face do liberalismo de composição e estabilização das estruturas de poder, foi o que ele chamou de *A grande empresa monopolista*, que diz respeito ao capitalismo brasileiro, voltado ao monopólio da produção agrícola de alguns produtos primários, oriundos da produção agrária, sendo o ciclo da cana-de-açúcar, e depois o apogeu da produção e indústria cafeeira, de amplo conhecimento e bastante explorado teoricamente na literatura brasileira.

Remontando a Celso Furtado – em *Formação econômica do Brasil (2007)* –, talvez um dos primeiros intelectuais a pensar o desenvolvimento brasileiro de maneira um pouco mais crítica, apontaria alguns elementos que explicam a tradição agrária brasileira na inserção do capitalismo moderno, como sendo a conjunção de alguns fatores como: (i) elevada disponibilidade de terras e o baixo custo de exploração, sobretudo do café; (ii) a substituição da desorganizada economia cafeeira do Haiti, (iii)disponibilidade de mão de obra e extenso exército de reserva, garantindo o baixo valor dessa força de trabalho; (iv) a existência de uma burguesia disposta a tal empreendimento.

Mas, voltando à formulação de Hirsch (2014), pode-se apontar para um determinado alinhamento de modo de acumulação definido acima, como resultado da conjunção complexa de estruturas e instituições sociais, voltadas para o mercado, ou seja, a empresa monopolista brasileira se manifestava, não só como monopólio de algumas atividades no âmbito interno (ainda que subordinado ao intercambio desigual no mercado externo), mas também, como monopólio de estruturas fundamentais de sustentação desses interesses, como escreve Fassoni Arruda:

> Primeiramente cabe assinalar que nenhum proprietário de escravos, no Brasil, teve a cabeça decepada, e que não houve uma mudança radical nas relações sociais, nem mesmo entre as próprias classes proprietárias. A proclamação da república representou uma enorme conquista para as elites agroexportadoras, cuja iniciativa política vinha sendo sufocada pelo excesso de centralismo do Império. O sistema federativo dotou as oligarquias regionais de enorme capacidade para submeter o conjunto das decisões políticas aos seus interesses de classe, o que implicada a manutenção de certos padrões de produção (2012, p. 282)

Ou seja, com foco na manutenção e estabilização (hegemonia), de interesses privados da classe senhorial, e que demandava o controle das instituições sociais ligadas à manutenção do modo de acumulação:

> A estrutura piramidal de mando, com os coronéis na base, se converteu em abrigo que tornou os grandes proprietários de terras impermeáveis a eventuais mudanças. Estes, inclusive, receberam subsídios governamentais e generosas compensações pelos prejuízos sofridos com a abolição do trabalho escravo (2012, p. 296)

Com isso, apresenta-se a primeira face do processo de modernização capitalista no Brasil, que se pretendia como liberalismo, ao mesmo tempo que intervinha permanentemente, e de acordo, com as necessidades das elites agrárias, que, além de produtoras e detentoras de capital, também eram a tutelares dos interesses políticos, como narra novamente o autor:

> [...] a participação política restrita aos proprietários ou membros de uma elite (profissional, intelectual etc.), também não fica difícil entender a razão pela qual nem mesmo as oposições aos grupos dominantes chegaram a contestar os fundamentos mesmos do poder. Além da inexistência de uma contradição fundamental entre as facções burguesas da cidade e do campo, suas propostas em relação as classes subalternas eram praticamente idênticas, numa somatória de esforços cujo objetivo era impedir até mesmo o desencadeamento das mais elementares reivindicações situadas no nível econômico, como aumentos salariais e limitação da jornada de trabalho (FASSONI ARRUDA, 2012, p. 311)

Esse período, chamado de empresa monopolista, também do ponto de vista financeiro, tendo em vista que os superlucros agrário-exportadores se davam mediante a concessão de subsídios e contração de empréstimos internacionais (com decorrente elevação da dívida) e empobrecimento (miserabilização da grande maioria da população). Assim como, tais benesses também não alcançavam todos setores de interesse econômico.

Tal conjectura, ou composição de forças, estende-se até a insustentabilidade do modelo, quando em decorrência das I e II Guerras Mundiais, consequente queda das exportações e crises internacionais dos preços das mercadorias produzidas pelo Brasil, tornaram o discurso e prática do modo de acumulação impraticável, o que impediu, sobretudo, a formação de um mercado interno consolidado, diante do empobrecimento e da superexploração do trabalho precarizado.

O que ora se apresentava em um dos fundamentos da acumulação (trabalho precariamente remunerado e de baixa qualidade técnica), apresenta-se como um obstáculo para a economia moderna urbana e industrial, que precisava de mão de obra mais qualificada, mas sobretudo, de um operariado que consumisse o que era produzido pela indústria, que se consubstanciasse em demanda consumidora.

É quando a composição de forças passa a pender para a perspectiva desenvolvimentista (industrialista), que se propunha nacionalista. Ou seja, desenvolver o capital nacional, a independência econômica e formação de um mercado interno, para seus próprios produtos mediante um processo de modernização da economia, via industrialismo, subsidiado pelo capital agrário-exportador e pelo Estado brasileiro, via incentivos e protecionismo.

O modelo desenvolvimentista brasileiro, se basearia, sobretudo, além da premissa básica fundamental da inversão das exportações, e de ultrapassar as etapas de desenvolvimento burguês central, com a esperança de contar com uma aliança entre operariado e a burguesia industrial, em um pacto pelo desenvolvimento, acreditando em uma burguesia nacionalista (WASSERMAN, 2017, p.133). Como ratifica Claudia Wasserman (2017, p. 42),

> Atraídos pela possibilidade de crescimento econômico análogo aos dos padrões dos países mais ricos do mundo, os intelectuais do mundo periférico, e os brasileiros em particular, passaram a preparar projetos, erigir instituições, elaborar estratégias e propor políticas de encaminhamento em prol do desenvolvimento, influenciados pelas ideias de constituição das condições para a arrancada (*take off*) mencionada por Rostow. Além do

contexto internacional favorável à expansão do capitalismo no pós-guerra, a industrialização, impulsionada pela substituição de importações, fazia crer que o país era capaz de atingir o patamar de crescimento dos países centrais do capitalismo.

Seguindo a obra de referência de Theotônio dos Santos, *Socialismo ou Fascismo: o novo caráter da dependência e o dilema latino-americano* [2018 (1964)], pode-se identificar que essa união entre operariado e burguesia, para romper com o monopólio oligárquico agroexportador, não se sustentou, como ele chama, um bloco ideológico *industrializante-desenvolvimentista-nacionalista* (2017, p. 52), identificável sobretudo sob o comando do Estado populista dos anos 30.

Sendo, muito mais clara a origem e fundamento da indústria nacional em seu contrário, no qual a consolidação de uma estrutura social urbana (consumidora) e industrial (operária) se dá mediante o uso do capital e das condições colocadas pela sociedade, incipientemente mercantil, e cujas atividades produtivas modernas se cingiam a atividades de interesses oligárquico-rurais, constituindo-se em uma indústria de base para a modernização da atividade rural, de um país historicamente exportador de bens primários, e constituído a partir do capital acumulado da burguesia rural.

Essa relação se dá justamente porque a elite rural seria (1) fonte de divisas para importação de maquinaria e matéria prima industrial – a fonte do capital revertido na indústria nacional –; e, (2) o primeiro e fundamental consumidor final da industrialização, que em um primeiro momento dirige seus esforços, eminentemente na mecanização do da produção agrícola (DOS SANTOS, 2017).

O resultado lógico é que a indústria se origina voltada a setores como transportes para escoamento de produção, energético como eletricidade e posteriormente o petróleo, e também o setor metalomecânico; ou seja, todas áreas de interesse e fundamentais para o aprimoramento e modernização da dinâmica de produtividade e exploração rural.

Apresentando-se, muito mais como uma dinâmica de centralização das dinâmicas do capital nacional industrial x rural e sua interligação ao capital internacional, aproveitando-se "[d]as condições de baixos salários e de exploração pré-capitalista mantidos pelo sistema latifundiário tradicional" (DOS SANTOS, 2017, p. 48), do que propriamente uma aliança para transformar a realidade socioeconômica de exploração das classes ditas inferiores, mediante a constituição de um projeto de desenvolvimento livre, autônomo e independente[12].

Como conclui Theotônio dos Santos, "precisa transformar o camponês em um trabalhador livre, em um assalariado desprovido de qualquer meio próprio de subsistência. Esta é a condição do desenvolvimento capitalista" (2017, p. 172), ou seja, a subsunção material do trabalho ao capital; o que, por sua vez, está diretamente ligado ao outro elemento.

Como abordado acima, a cada modo de acumulação, corresponde um modo de regulação, e nesse caso, se o coletor de impostos se apresentava na oneração dos trabalhadores e da sociedade, para pagamento das dívidas ocasionadas pelo modelo de desenvolvimento, o soldado (capanga) entrava em cena como forma de, mediante controle social militarizado, manter sob controle e submissão a estrutura social e a força de trabalho, ou, como diria Lenin, retomado por Arruda, "quando a diplomacia falha, a esquadra intervém" (2012, p. 99).

O que se pode colocar como, a todo modo de acumulação o seu modo de repressão, ou uma economia da violência, como ferramenta da reprodução ampliada do capital, que vai desde a repressão aos movimentos sindicais e organizações de trabalhadores, por melhorias nas condições de vida e trabalho.

Com isso, pode-se começar a compreender a prisão (e os mecanismos de controle social de maneira geral), e seu papel dentro de um determinado regime de acumulação exercendo diversas funções – como a que fundamentalmente importa para os objetivos desse trabalho – como a subsunção material do trabalho ao capital, que não poderia ficar melhor explicado e claro, como nas palavras de Vania Bambirra (2013, p. 72):

> Essa é a consequência mais direta da proletarização, a saber, que aqueles que antes foram camponeses, ao se transformarem em proletários, tinham de vender sua força de trabalho para adquirir no mercado tudo aquilo

---

12 À época os autores da teoria marxista da dependência iriam formular algumas ideias de rompimento com esse projeto de desenvolvimento, sendo Theotônio dos Santos (2017) um deles, mas as propostas políticas e econômicas para a mudança da condição neocolonial diante do imperialismo fogem do escopo desse trabalho. Para saber mais ver: DOS SANTOS, Theotônio. Socialismo ou Fascismo: o novo caráter da dependência e o dilema latino-americano. Assim como RAMOS, Guerreiro. Mito e Verdade da Revolução Brasileira. [1963 (2016)]; MARINI, Ruy Mauro. Subdesenvolvimento e Revolução [1974 (2013)]. DOS SANTOS, Theotônio. Teoria da dependência: Balanços e Perspectivas. [2000 (2015)].

que necessitavam ou que objetivamente poderiam necessitar: alimentos, cigarros, roupas, móveis etc.; portanto coloca-se assim a necessidade de produtos industriais.

Mas também, de que a prisão se apresenta de uma forma no decorrer do século XX (no contexto do fordismo e do ideário da ressocialização), que se busca elucidar neste capítulo, e que será resgatado novamente, em sua nova conformação, relativa ao século XXI neoliberal e suas novas funções dentro de outro regime de acumulação.

2.2. DEFESA SOCIAL E A IDEOLOGIA DA REABILITAÇÃO: O SUJEITO DO TRABALHO COMO OBJETO DE INTERVENÇÃO E CONTROLE

Dando continuidade à abordagem de Joachim Hirsch, do tópico anterior, acerca do modo de regulação como parte de um dado e situado, historicamente, regime de acumulação, passa-se a dar mais atenção exatamente à face regulatória ou punitiva. Como mecanismo que modula a estrutura social laboral, constitui-se, modernamente, ao longo do século XX, como pilar fundamental do projeto de acumulação.

Em síntese, o modo de regulação erigido no século XX a partir do discurso/ideologia da reabilitação é o pilar da reprodução ampliada do capital

Resgatando o que o autor define como modo de regulação, inserem-se:

> empresas e suas federações, os sindicatos, as entidades científica e educacionais, os meios de comunicação, todo o aparato político-administrativo, e não por ultimo a família como local de reprodução da força de trabalho (2014, p. 107)

Apresenta-se muito mais do que a prisão, mas sim uma ampla estrutura de controle social formal e informal, como define Lola Aniyar de Castro em *Criminologia da Reação Social* (1983), desde a capacidade de controle social erigida pelo poder das empresas, confederações e sindicatos, até a atuação formal da polícia e das estruturas de controle, como, em última instância, o encarceramento[13].

Nessa linha, em termos de teoria do Estado, e como se viu acima, a função preponderante assumida pelo Estado brasileiro no centro da atividade produtiva e capitalista, as dinâmicas de conflito, regulação e coerção foram importantes mecanismos fomentadores do modo ampliado de reprodução, que liga capitalismo e Estado moderno; ou, do Estado como parte da estrutura do capital (HIRSCH, 2014).

Resgatando a Marx (2017), quando trata da acumulação primitiva, esta se constitui não só como um ato politico, mas sobretudo como um ato de violência original do capital, o que se repete no decorrer do amadurecimento do capital com a subsunção formal da força produtiva mediante a obrigatoriedade de trabalhar; e se reforça no momento de acumulação ampliada, situado no século XX, com a subsunção material, tornando o operariado refém (dependente) das dinâmicas do capital, em todas as suas dimensões, muitas vezes mediante do uso da força, outras somente seu poder informal (controle social difuso).

Assim escreve Hirsch (2014, p.52):

> a visível estabilidade da sociedade capitalista, passando por contradições e antagonismos que lhe são anteriores [e inerentes] baseia-se no fato de que as orientações subjetivas e as ações sociais já estão sempre formadas e incrustadas nos contextos institucionais correspondentes.

A partir de uma ideia de controle social e violência, apresentam-se de maneira difusa, de varias formas, desde a violência policial e prisional, até o controle ideológico, ou ainda, a própria ideia de violência legal, policial e prisional como parte de constituição de um controle ideologia e sobretudo de implantação ideológica, que viria se denominar de ideologia da defesa social. Faz-se fundamental para os objetivos do presente trabalho, compreender o avanço do punitivismo e a função que a prisão cumpre na sociedade do século XX e XXI, retomarmos a definição de ideologia e sua discussão.

Nesse sentido, é de imensa contribuição a obra – *Ideologia* de Terry Eagleton (2019) – que proporciona um recorrido de vários autores

---

13 Trabalhou-se essa disjunção da criminologia que, de uma abordagem que se voltava apenas para a violência penal, passa a se preocupar com a dinâmica mais ampla do controle social em LEAL, Jackson Silva. Criminologia da Libertação: a construção da criminologia crítica latino-americana como teoria crítica do controle social e a contribuição desde o Brasil (2017) que se debruçaram sobre a definição de ideologia, em suas várias matrizes teóricas.

Trabalha-se com a delimitação e os contornos do termo ideologia, com intuito de compreender o que se denomina de ideologia punitiva, ou mesmo ideário da reabilitação, ou ainda, como também é bastante corrente no vocabulário criminológico – ideologia da defesa social.

De início, parte-se da definição clássica formulada por Louis Althusser, no qual sintetiza não só os contornos da ideologia, enquanto categoria analítica, assim como delimita o que chama de aparelhos ideológicos e repressivos de Estado, e dá alguns dos elementos centrais da discussão. Nesse sentido, sobre ideologia,

> [...] diremos que a reprodução da força de trabalho exige, não somente uma reprodução de sua qualificação, mas, ao mesmo tempo, uma reprodução de sua submissão às regras da ordem estabelecida, isto é, de sua submissão à ideologia dominante, para os operários, e uma reprodução da capacidade de bem manejar a ideologia dominante. Ou seja, o processo de reprodução da força de trabalho não é exclusivamente econômico, mas social combinando efeitos de reprodução material, de reprodução da submissão e de reconhecimento da ordem (ALTHUSSER, 1985, p. 13).

Terry Eagleton ajuda a desatar um nó que tem se apresentado pela crítica à ideologia – ideológico seriam sempre os outros –; seria ideológico apenas o corpo de compreensões sociais, apenas o complexo de signos e materializações subjetivas que legitimam e reafirmam o governo e os valores dominantes? Nesse caso, quando o discurso materialista e as crenças, em um paradigma socialista de sociedade, não seriam ideológicas, por se situarem fora da dinâmica dominante?, ou, passariam a ser ideológicas caso se tornassem paradigma de governo? Seriam ideológicos apenas os defensores do capitalismo?

Para Eagleton (2019) toda essa discussão se apresenta como uma simplificação binária do ideológico, ou uma falsa questão, uma vez que faz parte exatamente do contexto que se coloca a crítica à ideologia – da ideologia como mecanismo desmerecedor de determinada base de compreensão social.

O seu papel é ideológico, o meu não! O que reflete obviamente o binarismo do mundo social dividido entre socialistas e capitalistas, o que obviamente, também, não dá conta da complexidade do mundo social e suas respectivas consciências e realidades materiais concretas, sobre as quais se forjam as ideologias enquanto experiência social.

Terry Eagleton a partir de uma concepção mais ampla, e ao mesmo tempo mais precisa escreve,

> ideologia pode ser vista como um campo discursivo no qual os poderes sociais se autopromovem conflitam e colidem acerca de questões centrais para a reprodução do poder social como um todo (...) Isso talvez envolva a suposição de que tais ideologias dominantes contribuam para unificar uma formação social de maneiras que sejam convenientes para seus governantes; não se trata apenas da imposição de ideias pelos que estão acima, mas de garantir a cumplicidade das classes e grupos subordinados e assim por diante (2019, p. 46),

A partir disso ajuda a organizar os elementos da discussão que colocaram a ideologia em xeque em dado momento. De que a ideologia proviesse da falsa consciência; ou mesmo da imaterialidade ou abstração da ideologia.

De um lado, se apresenta como uma crítica à parte da própria teoria marxista que, segundo uma interpretação do célebre fragmento de Marx, de que *não seria a consciência que determina a realidade, mas a realidade concreta que determina a consciência*; surgindo a ideia da absurdidade de um operário/trabalhador se identificar com os interesses da classe burguesa, do oprimido se identificar com o opressor (etc.), em síntese, desde essa abordagem, a ideologia só poderia decorrer de uma falsa consciência. O resultado de um falseamento da realidade, tendo em vista existir significativa dissociação entre o real objetivo apreendido, e a compreensão dessa realidade.

De outro lado, se aponta a imaterialidade da ideologia, na qual se acusa a incapacidade de interferir no mundo real, concreto, situando-a meramente no plano subjetivo, da crença, do imaginário, do idealismo (utópica). Colocando-se com um desapreço pela abstração diante da concretude do real objetivado, que se impõe às consciências e aos sentidos.

Diante dessa disjuntiva, Althusser esclarece que, nem a ideologia é uma (falsa)consciência isolada, nem tampouco um exercício solitário de pensamento, mas sim o resultado de um processo de subjetivação e representação da realidade (ALTHUSSER, 1985, p. 41), e, a partir disso, essas duas manifestações ideológicas começam a ganhar significação e importância, ou mesmo, veracidade e concretude material.

Da mesma forma em que a ideologia é historicamente situada, ou como Althusser (1985) aponta, uma história da ideologia, que ao mesmo tempo se apresenta a-histórica, afinal de contas sempre que a sociedade se transformou, precisou de um lastro ideológico que impulsionasse a mudança, ou, que a mantivesse como estava; também cambia de acordo com o contexto sociocultural, histórico e político das representações sociais e interesses de seu tempo.

No século XIX, foi preciso todo um esforço teórico, político, jurídico e ideológico, para criar, e ao mesmo tempo controlar o medo branco da alma negra, como se trabalhou no primeiro capítulo.

Essa era uma ideologia falsa, ou meramente abstrata? Não, nem falsa, nem abstrata. Para o homem branco ela era muito real, verdadeira, e tanto era verdadeiro que se apresentava de maneira concreta, em política de segregação, racismo, escravismo, criminalização como formas de proteger a sociedade (defesa social em seu berço esplêndido) da ameaça viva e presente.

Ou ainda, a ideologia do trabalho que, no século XX se alinhava com a possibilidade e desejo de ostentar a condição de empregado (assalariado e explorado) como um privilégio – o privilégio da servidão –, como se pode ler nas palavras de Terry Eagleton (2019, p. 162)

> [...] tornamo-nos sujeitos humanos livres, autônomos, justamente submetendo-nos obedientemente ao Sujeito ou Lei. Assim que internalizamos essa Lei, que a tornamos inteiramente nossa, começamos a agir espontaneamente e inquestionavelmente. *Vamos para o trabalho por nossa conta*, sem necessidade de supervisão coercitiva constante, e é essa lamentável condição que reconhecemos erroneamente como liberdade.

Essa era a compreensão da realidade do trabalhador do século XX, talvez a única compreensão da realidade disponível à grande parte deles.

Menos de meio século depois, verifica-se a historicidade da ideologia, desse mesmo trabalhador, nas mesmas condições sociais de classe, aderindo ao discurso (ideológico) de que não necessita das garantias trabalhistas, e tampouco do trabalho, porque sua vida como empreendedor poderia ser mais lucrativa.

Enquanto em meados do século XX as garantias se afiguravam uma salvaguarda, no final do século XX e início do XXI, se apresentariam como uma amarra ao crescimento/enriquecimento.

Seria possível dizer que esses dois sujeitos estão inundados de falsas consciências? Mesmo quando essas consciências são resultado, e interagem com toda uma gama de trocas e recepção de informação, que informam todas no mesmo sentido? Ou, de que suas consciências, sendo falsas ou não, não estruturam toda uma organização social? E assim são materialmente muito concretas e reais?

Pensando sobre a historicidade do nosso período atual, em que a ideologia, tem parecido uma história da não-ideologia, e que isso também demarcaria um episódio importante da vida social contemporânea, em que a não-ideologia integra uma parte muito interessante das práticas sociais e da manutenção de suas estruturas.

Em relação a questão da violência, que de fundo se constitui em objeto do presente trabalho, como se poderia dizer que - um agente policial que sai para a sua atuação diária, fortemente crédulo que está combatendo um inimigo, e que o exercício da força física ou mesmo letal não é violência, e por isso está legitimada; ainda que pertencendo ao mesmo estrato social ao qual seu suposto inimigo, e mesmo o recurso da violência já esteja largamente demonstrado como uma resposta inadequada/ineficaz – não está imbuído de uma ideologia real, concreta e com efeitos materiais?

Para esse agente policial assim como para o trabalhador, a existência do inimigo e a integração ao mercado são absolutamente verdadeiras. Assim como para o inimigo abatido, e para os desempregados, a guerra e as leis do mercado são extremamente concretas. Com isso conclui Terry Eagleton (2019, p. 74),

> As ideologias bem-sucedidas são aquelas que tornam suas crenças naturais e auto evidentes – fazendo-as identificar-se de tal modo com o senso comum de uma sociedade que ninguém nem sequer imaginaria como poderiam ser diferentes. Esse processo [...] leva a ideologia a criar um ajuste tão perfeito quanto possível entre ela e a realidade social, fechando assim a brecha na qual a alavanca da crítica poderia ser introduzida.

A partir desse conceito, pode-se apontar que, tanto a ideologia das elites, enquanto busca de justificação e legitimação da ordem social vigente e seus poderes, como também, as projeções de vida social das ideologias marginalizadas, todas se apresentam como representações e aspirações sobre a realidade social, e o que as diferencia é basicamente a processo de hegemonização das estruturas ideológicas, e de suas representações sociais acerca da realidade.

É exatamente a partir da ideia de Hegemonia resgatada de Gramsci, que se permite retomar a ideia inicial do capítulo e deste tópico. Se, a cada modo de acumulação há um modo de regulação (HIRSCH, 2014), inserido nesse modo de regulação verifica-se que existem duas dinâmicas complementares, como aponta e denomina Althusser de Aparelhos Ideológicos de Estado (AIE) e Aparelhos Repressivos de Estado (ARE), ou, em linguagem *Gramsciana*, a hegemonia produzida da conjugação do consentimento com coerção (EAGLETON, 2019).

Segundo Joachim Hirsch (também resgatando a Gramsci), define que hegemonia seria a forma de implantar representações sociais generalizadas, conferindo base social para uma determinada ideia de ordem social (2014, p. 117).

Neste contexto que se insere o ideário da reabilitação e a ideologia da defesa social como elementos do modo de regulação voltados à reprodução ampliada do capital.

Após os processos revolucionários, que alteraram as bases sociais, configurando (incialmente uma sociedade liberal burguesa), e, na qual uma das principais estruturas e pautas político-ideológicas eram a garantia acerca da violência estatal e que está largamente trabalhado na literatura criminológica (ANITUA, 2008; BERGALLI; BUSTOS; MIRALLES, 1983), com a ideia de um classicismo garantidor frente o arbítrio estatal; este se fazia o signo que distinguia o sistema (aparelho repressivo) penal moderno do arcaico medievalismo punitivo.

Realizada a transição social, o discurso repressivo assume feições mais utilitaristas, conforme escreve Hirsch "cada formação histórica capitalista adquire estabilidade através da conformação de um modo de acumulação compatível, como modo de regulação" (2014, p. 108), e afinadas com as necessidades das novas lideranças, elites e valores, sua representação ideológica de ordem.

A representação de ordem que ocuparia seu lugar se constitui exatamente, ou se fundamenta, na ideologia da defesa social. Não seria mais a estrutura jurídica normativa penal um garantidor de todos contra a potencial violência e arbítrio estatal, mas a constituição – imensamente funcional, dali em diante, – de uma sociedade binária, dividida entre cidadãos de bem, e cidadãos objetos de intervenção, ou ainda, de bons pobres e maus pobres (MELOSSI; PAVARINI, 2006), pessoas que devem ser defendidas, das que se apresentam intrínseca e inerentemente como ameaça.

O principal autor que se propôs a percorrer os elementos da ideologia da defesa Social foi o professor Alessandro Baratta, em célebre obra criminológica que se tornou marco e referência, intitulada *Criminologia Crítica e Crítica do Direito Penal* (2011), no qual apresenta os elementos discursivos fundamentais, desvelando o discurso da defesa social. Não se vai recorrer a toda a abordagem aqui, pois já é de conhecimento geral, sobretudo de quem estuda o fenômeno da violência desde a criminologia crítica.

Mas o que se gostaria de reter é como se apresentam ideologicamente os elementos componentes e legitimadores da ideologia da defesa social. Conforme aponta Baratta (2011), esses seriam os princípios norteadores:

> Princípio da *legitimidade*; o Estado como unido detentor do monopólio da violência legitima;
> Princípio do *bem e do mal*; a constituição de uma sociedade binária, que contém elementos disfuncionais;
> Princípio da *culpabilidade*; o delito seria a negação subjetiva dos valores mais básicos e fundantes da sociedade;
> Princípio da *finalidade e prevenção*; a pena não visa apenas infligir dor, mas também proporcionar a recuperação do indivíduo e prevenir novas condutas danosas;
> Princípio da *igualdade*; todos serão tratados igualmente pela lei penal;
> Princípio do *interesse social e do delito natural*; as leis penais tutelam o que há de mais importante para a sociedade como um todo[14].

Pode-se agrupar esses princípios em 3 Grupos de interesse distintos, ainda que interconectados enquanto estrutura. Os que pretendiam reafirmar o Estado enquanto entidade centralizada, e legitimada para deter o monopólio da violência; os princípios que buscavam erigir uma estrutura de valores centralizada, e, com ele, justificar o tratamento diferenciado; ligado a necessidade em demonstrar como o Estado governa para todos.

Ao mesmo tempo em que, por meio do discurso da igualdade e do pretenso tratamento (ao menos hipotético e virtual) igualitário, permitia a construção da legitimidade da centralização estatal e do monopólio da violência concentrado na força pública, também se produzia a diferenciação mediante um discurso diferenciador e essencializador de pessoas, de condutas, de comportamentos e moralidades.

Com essa diferenciação, se autorizava o tratamento violento ofertado pelo cárcere, pelas estruturas punitivas, sob o aval (e até mesmo), o entusiasmo da sociedade – uma retórica de consenso em torno da violência estatal moralizadora e supostamente normalizadora do sujeito moderno. A isso se prestava o princípio do bem e do mal, assim como a condenação insculpida na culpabilidade na recente modernidade como controle da dissidência valorativa.

De outro vértice, desde a promessa de uma sociedade de *pax aeterna* se origina e fundamenta o discurso em torno do princípio da legitimidade, que proporciona a concentração do poder nas mãos e sob a

---

14 Para saber mais, ver Baratta, Alessandro. *Criminologia Crítica e Crítica do Direito Penal: Introdução a sociologia do Direito Penal (2011).*

tutela do Estado moderno, que as erige enquanto legislação penal e poder de persecução penal.

Assim como se dá a alienação da eleição dos valores a serem protegidos, que da mesma maneira se fundem à instituição estatal, enquanto sua própria razão de ser e perpetuação. Ou seja, o Estado, em sua bendita (ou malfadada) representatividade (de todos – igualmente), consubstanciaria os interesses sociais mais importantes (interesse social e delito natural) a serem protegidos via legislação penal e tutela punitiva – uso legítimo e monopolizado da força.

Entretanto, esse uso da força (punitiva), que se confunde na sociedade moderna com o nascimento do cárcere, não se sustenta na simples ministração de violência legitimada ou regozijo vingativo; mas, em um misto de violência e recompensa (ao menos em promessa), sob o que se apresenta o princípio da finalidade e prevenção; e o que distinguiria a violência (utilitária) moderna da brutalidade *(simbólica)* medieval.

Nesta linha que Alessandro Baratta (2011) atribui a grande sagacidade do discurso da defesa social, sobretudo no que diz respeito ao princípio do bem e do mal, do interesse social e da prevenção, que permite congregar (ao menos ilusoriamente, ainda que com efeitos muito concretos) os interesses de distintos e distantes grupos sociais, agrupados em torno da entidade estatal, crédulos de estarem todos compartilhando os mesmos interesses.

O que permite, por sua vez, atribuir utilidade e justificação à ministração de dor e sofrimento ao sujeito, construído como diferente, anormal, inadaptado, antissocial, perigoso (etc.) e aí a denominação e caracterização se transforma, de acordo com o contexto, necessidades históricas e interesses em jogo, em cada etapa do desenvolvimento das forças produtivas.

Nessa medida, o discurso da defesa social, e, a com ele, o ideário reabilitador, constituem-se em uma racionalidade hegemônica, no sentido dantes atribuído, que se tem denominado, desde o arcabouço da criminologia crítica, de ideologias *re – ressocialização, reintegração, reeducação, recuperação (etc.)* – (BARATTA, 2011), para indicar as diversas feições que tem assumido na recente história punitiva.

Como aponta o importante estudo acerca do cárcere desenvolvido no livro *Juicio a la Prisión*, de Thomas Mathiesen (2003), desde uma perspectiva materialista abolicionista, no qual busca responder a perguntar – é defendível o cárcere? –, e busca responder, desde diversas linhas críticas acerca da custodia prisional da liberdade.

Uma delas, e para efeito desse trabalho, o que ele também denomina, de ideologia da reabilitação, que para Mathiesen (2003), mudou muito pouco ao longo do tempo, e envolvem 4 dimensões – trabalho, moral, educação e disciplina –; em torno das quais se produz, projeta, e reforça o princípio do interesse social e se extrai o substrato de *finalidade e prevenção* que fundamentam a penalidade moderna.

Resgata a origem da prisão e seu ideário reabilitador com o trabalho e a devolução da capacidade, de produzir, de competir; em um cenário de ascensão do liberalismo e da sociedade moderno-capitalista, e seu projeto de punição-prisão, também produtivos (utilitariamente), de maneira tão variada quanto a sociedade em que estava inserida.

Na mesma linha, a educação/ensino/escola buscavam o processo de alfabetização, pois estava diretamente ligado ao trabalho (capacidade) e sobretudo ao processo de influência moral, por meio da catequização e formação religiosa (substituído pelo tratamento, no auge do positivismo médico patologizante), de matriz protestante, voltado para uma ética do trabalho, de uma sociedade capitalista.

Toda uma estrutura e racionalidade, gerida por severos códigos de disciplina, que se sobressaía enquanto valor/interesse a ser resguardado pelas instituições correcionais/punitivas (Mathiesen, 2003), que acabam por minar qualquer possibilidade de reabilitação desde os interesses internos à própria prisão como institucionalidade central.

E que estão ainda sob o constante processo de interação com interesses externos à prisão e ao ideário reabilitador, e, que chocam e tratam de torná-lo um projeto inacabado, incapaz de ser colocado em prática, ou mesmo, de absorvê-lo. Em síntese, do ponto de vista interno se busca produzir disciplina, acima de tudo, ou tão somente, e, do ponto de vista externo, extrair utilidade da prisão. Assim escreve:

> La cárcel se convierte basicamente en una institución conservadora en virtud de técnicas como estas, por las cuales los representantes de la carcel se someten a las premisas dominantes de la administración carcelaria. Vale decir que el cambio que se opone a las directivas dominantes se hace imposible. El conservadorismo de la sociedade es un rasgo fundamental de la cárcel como institución (MATHIESEN, 2003, p. 89)

Vale dizer que, na mesma linha do que também apontam Melossi e Pavarini (2006), o trabalho enquanto meio para a reabilitação, antes de seu abandono decorrente também de interesses externos, estruturais ao modo de produção e ao estágio de desenvolvimento das relações produtivas, foi inserido, num primeiro, momento como produtivo enquanto meio para o retorno à capacidade, mediante uma variedade de labores ensinados; mas, logo é convertido ao produtivo como fim em si mesmo, com vistas a pura e simples exploração da força de trabalho, de forma mais eficiente, e rentável; deixando de lado – apenas no plano da retórica justificacionista – sua função reabilitadora.

Assim como aponta Seibel Luce (2018), em relação ao que ele chama de cisão entre estrutura produtiva e necessidade das massas, a ideia de reabilitação, surge como uma proposta de reintegração social do sujeito, e, logo se torna mais um meio de superexploração da força de trabalho e mecanismo vulnerabilizado do processo de acumulação.

Essa dinâmica, em Thomas Mathiesen (2003), aparece como estratégia interna x externa ao sistema penal e sua capacidade de absorver e transformar ideias e práticas, de acordo com suas necessidades e interesses – situadas no processo de sua manutenção.

O que persiste da prisão produtiva do século XVIII e XIX, foi a prisão produtora de homens, *homo laborans*, no século XX, mediante um forte processo de controle social e introjeção da hegemonia do trabalho, no qual a prisão e a ideologia da defesa social se apresentaram como componentes fundamentais para a produção do principal produto da prisão – o trabalhador – enquanto ser social (MELOSSI; PAVARINI, 2006).

Nesse sentido, David Garland, em obra que faz um recorrido das dinâmicas e estratégias acerca do ideário reabilitador, nas sociedades industriais avançadas, no livro *Castigar y Asistir: una historia de las estratégias penales y sociales del siglo XX* (2018), aponta como no decorrer do século XX, e decorrente das crises – tanto socioeconômicas quanto de legitimidade do modelo punitivo do sec. XIX –, proporcionaram o ambiente para construção de um modelo social, baseado na segurança do trabalho e da previdência – uma segurança para a estrutura social (mas que também refletia no sujeito) –, e de um sistema penal complementar; que o autor, na mesma linha de Wacquant (2007), chama de *Welfarismo* penal (GARLAND, 2018).

Chama a atenção um elemento dessa relação penal-assistencial, que ela se dá mediante o que ele chama de um *processo de igualização*, que por sua vez, proporcionou uma gradual fragmentação e esvaimento da identidade e consciência de classe. Afinal de contas, eram todos iguais, e sua segurança decorria de um contrato (individual) com o Estado enquanto cidadão.

> Este aluvion de reformas fue que se le había dado a esta clase un interés en el país, con la conseguiente creacion de una nacion unificada y ampliada que reemplaza la sociedade dividida, de clases […] sobre la base de esa iniciativa ideológica, el gobierno liberal espero ganar para sí la lealdad de classe de los trabajadores y sus votos y, para el sistema, la lealdad de por vida de indivíduos estables y contribuyentes (GARLAND, 2018, p. 342).

Em um panfleto da época estaria escrito, "garantiza la redistribución, estendiendo los costos que supone compensar la invalidez a todos los socios en la sociedade" (GARLAND, 2018, p. 324); ou ainda, acerca mais propriamente da reabilitação criminal, lia-se "tomar distáncia del sindicalismo, puesto que será la ruina de los trabajadores y una maldición para el país" (2018, p. 356). Com essa dinâmica individualista, pautada pela lógica do prêmio/recompensa se erige toda uma estrutura institucional, uma racionalidade, composta de valores que seriam fundamentais (as bases) para o próximo estágio societário e da forma capitalista.

Nesse processo, foi fundamental a importância do discurso reabilitador, composto de discursos valorativos e práticas políticas apresentadas como benevolentes. Foi onde se inseriu no discurso penalógico as perspectivas de reabilitação, correção, normalização, reintegração; que, como Mathiesen (2003) fala acima, buscavam a reforma moral, religiosa e produtiva do sujeito, de acordo com as necessidades políticas e do estágio de desenvolvimento das forças produtivas.

Com isso o *Welfarismo* penal permitiu a consolidação de uma dinâmica que reproduz a si mesma, não precisando mais da obrigatoriedade da lei, para forçar o trabalhador a trabalhar, pois a ideologia do trabalho já estava introjetada nas instituições, na prisão, e no sujeito; que se torna absolutamente absorvido pela lógica do capital-trabalho.

O que na linguagem *marxiana* se chamaria de subsunção material do trabalho ao capital, mediante a grande contribuição do discurso da ideologia da defesa social e da reabilitação.

Nesse contexto que a prisão se consolida como o centro do discurso da ideologia da defesa social, e, tendo em seu centro o discurso (também ideológico) da reabilitação, no momento sócio-histórico e estágio das forças produtivas em que a reabilitação se fazia necessária, para a manutenção da estrutura, e para satisfação dos interesses econômicos.

2.3. NEOLIBERALISMO E A NOVA RACIONALIDADE: O ABANDONO DO IDEÁRIO REABILITADOR

O último quarto do século XX demarca o início de uma nova crise societária, assim como a do final do século XIX e início do XX, que daria o impulso para a construção de um Estado Social, agora daria o impulso reversivo para a consolidação do capitalismo em sua forma neoliberal.

Dario Melossi em *Controlar el Delito, controlar la Sociedad* (2018) aponta que ela se deflagra na década de 70 com a crise energética (crise do petróleo), mas se intensifica enquanto crise social com o transbordamento de uma sociedade plural, com diversos centros de valores, multiétnica, e de diversas orientações sexuais, conflitiva, combatente – da fábrica à universidade –; transformando a praça, o campus e a igreja em espaço político, tal qual o sindicato.

Exatamente o momento em que a criminologia crítica e a crítica ao ideário da reabilitação chega em seu ápice e acúmulo crítico, com movimentos como a criminologia radical norte-americana[15], justamente gestada no campus universitário e em meio a essa agitação cultural; como também a nova criminologia inglesa[16] e sua teoria geral do delito desde uma perspectiva materialista; ou ainda, a própria perspectiva abolicionista[17].

Todo esse contexto, choca-se com uma ideia de sociedade unitária e coesa, e incomodaria o *establishment*, sendo interpretado como a perda de valores sociais, tão duramente construídos e tutelados nos anos de ouro do fordismo; e assim, inspiraria a contrarreforma conservadora fundada no resgate dos valores da sociedade com base no trabalho, na retidão moral (vitoriana) e na família.

---

15 Ver TAYLOR, Ian; WALTON, Paul; YOUNG, Jock. Criminología Crítica. Ciudad de Mexico: Siglo XXI, 2007.

16 Ver TAYLOR, Ian; WALTON, Paul; YOUNG, Jock. La Nueva Criminología: contribución a una teoría social de la conducta desviada. Buenos Aires: Amorrortu, 1997.

17 Ver HULSMAN, Louk; et al. Penas Perdidas: o sistema penal em Questão. Belo Horizonte: D'Plácido, 2019 e CHRISTIE, Nils. Limites à Dor: o papel da punição na Política Criminal. Belo Horizonte: D'Plácido, 2017.

A isso que se pode chamar de neoliberalismo, a partir da definição proporcionada por Wendy Brown, "nas ruínas do neoliberalismo: ascensão da política antidemocrática no ocidente" (2019), na qual define:

> o termo neoliberalismo foi cunhado no Colóquio Walter Lippmann em 1938, uma reunião de acadêmicos que lançou as bases político-intelectuais daquilo que uma década depois se tornaria a Sociedade Mont-Pélerin. O Neoliberalismo é mais comumente associado a um conjunto de políticas que privatizam a propriedade e os serviços públicos, reduzem radicalmente o Estado Social, amordaçam o trabalho, desregulam o capital e produzem um clima de impostos e tarifas amigável para investidores estrangeiros. (BROWN, 2019, p.28-9)

Neste ponto, busca-se delimitar alguns elementos conceituais, ou de definição, do neoliberalismo enquanto projeto societário cujo vértice, parece, pode-se situar no individualismo-empresário-moralista, enquanto razão de ser no novo mundo neoliberal; o que orienta a organização societária em sua totalidade, apresenta-se como uma racionalidade da busca de resultados/competição por si mesmo, por conquistas que afetem unicamente à sua condição social, individualmente considerada enquanto sujeito não-social (fragmentado).

Assim sintetiza David Harvey,

> [a partir do discurso de Margareth Thatcher à nova ordem mundial], "a sociedade não existe, apenas homens e mulheres individuais [...] todas as formas de solidariedade social tinham de ser dissolvidas em favor do individualismo, da propriedade privada, da responsabilidade individual e dos valores familiares (HARVEY, 2014, p. 32)

Nesse sentido, pode-se dizer que no pós-fordismo[18] o ciclo da fábrica estava encerrado. Porque manter a ideia de cárcere-fábrica, ou mesmo,

---

18 Sobre Pos-fordismo, Lazzarato delineia, "não é suficiente descrever as mudanças que intervém na organização do trabalho (trabalho cognitivo, imaterial, produção cinco zeros, papel da inovação e do conhecimento etc.). A passagem do fordismo ao neoliberalismo pressupõe mudanças tao ou mais importantes no funcionamento da moeda e do fisco. [...] Faz-se da mesma maneira, invertendo primeiramente as funções *keynesianas* da moeda e do imposto que em vez de neutralizar a renda, desenvolvem-na: privatizando a emissão de moeda e abrindo-se, assim, à privatização de tudo o que o *New Deal* tinha relativamente socializado; utilizando o imposto para mudar a natureza do *welfare* (transferências maciças de renda às empresas e aos ricos, que se tornaram novos beneficiados, e enquanto à população foram reservados serviços sociais mínimos); e impondo uma nova medida financeira, e um novo direito de propriedade (capitalismo dos credores, quer dizer, proprietários das ações e dos títulos). (2017, p. 31-31)".

a benevolência previdenciária da reabilitação? Afinal de contas, não havia funcionado (*nothing Works*). Era o fundamento para a virada de 180º tanto na política econômica, quanto na política de tolerância.

Avançou a crise que era financeira e a criminalidade (e com ela o questionamento dos valores tradicionais). O que se tem denominado de destruição criativa *Schumpeteriana*.

Não obstante se apresente deflagrada a crise na década de 70, Laval e Dardot (2016) demonstram que a resposta conservadora da crise estava em gestação desde o início do século XX.

Erodindo todas as relações anteriormente colocadas, desde uma perspectiva individualista – o contrato do sócio com o Estado, mencionado no tópico anterior, sofreria um adendo –, cobrando sua coesão em torno dos valores da nação, da cidadania e do consenso em torno do mercado.

Nesse sentido, escreve Maurizio Lazzarato, em O Governo do Homem Endividado, que a nova (re)organização social é um

> [...] novo projeto político de transformar cada indivíduo em uma empresa individual. Generalizar a concorrência significa generalizar com efeito a forma-empresa no interior do corpo e do tecido social; isso quer dizer retomar o tecido social e fazer de tal maneira que ele possa se dividir e se multiplicar não segundo o grão dos indivíduos, mas da empresa (2017, p. 102).

Como demonstra Brown, o discurso de resgate dos valores tradicionais nada mais era do que a forma pela qual se constituiria uma nova hegemonia ideológica, narrativa, em torno do mercado e da responsabilização pessoal (individual), que, diante de uma suposta (e construída) crise de valores (que também era econômica, diante da estagflação e incapacidade de mais crescimento do mercado naquelas condições fordistas), permitiria a nova etapa da expansão do capitalismo, avançando sobre setores ainda não explorados.

Proporciona-se o contexto, a justificação do processo de mercantilização da vida social, sob as expensas da família, do patriarcado. Sob um discurso profundamente sexista se convoca a família ao compromisso com o cuidado, com os serviços; e com isso, dá-se a privatização da saúde, da educação superior, da seguridade (BROWN, 2019); ou seja, a família e o ser social seriam responsáveis pela sua sorte e seu azar na nova era do capital financeiro e do trabalho precarizado e superexplorado.

No que a autora chamaria de proletarização, desde uma abordagem neoliberal que remonta a Wilhelm Ropke e Alexander Rüstow, para os quais:

> o reenraizamento e a autoprovisão [...] desenvolveriam um novo quadro antropológico para tornar os trabalhadores mais resilientes em face das recessões econômicas. Ancorados na comunidade e na família, eles seriam capazes de resistir à fria sociedade do preço econômico e da competitividade dos fatores. Essa ancora também impediria que os trabalhadores se tornassem presa da mania proletária que demanda o fruto podre do Estado de bem-estar. (BROWN, 2019, p. 49-50)

Produzir-se-ia mais do que um sistema econômico, mas toda uma nova organização social centrada no novo sujeito-empresa não-social; em síntese, um sujeito responsável por si mesmo, e dependente do mercado em todas as esferas da existência.

Por isso o foco central dessa análise é entender o que Dardot e Laval têm chamado de *racionalidade neoliberal*, pois se constitui em uma nova forma de organização social que ultrapassa a mera organização econômica e política e reorganiza a totalidade social.

Ou ainda, como aponta Maurizio Lazzarato, em importante obra e análise intitulado Racismo ou Revolução (2019), na qual resgata o conceito de Máquina social de Deleuze e Guattari, para identificar ao Capital como megamáquina, que se utiliza da técnica, mas máquinas, da tecnologia, da cibernética, das instituições, das pessoas como dinâmica de sua estruturação voltada à acumulação e de-subjetivação do trabalho e da produção.

Constituindo-se em uma máquina social, que se utiliza das diversas construções maquínicas para submetimento de tudo e todos, (apresentando-se como máquina de guerra) à sua lógica de funcionamento. Ou seja, "o capital financeiro unifica o capital industrial e o comercial em um todo coerente" (LAZZARATO, 2017, p. 130)

Conformando um outro projeto de sociabilidade, ou em uma máquina, que vai desde o mercado ao controle penal, da exploração (inclusive auto exploração à repressão), marcado pela ideia de sujeito-empresa ou empresa/empreendedor de si mesmo; afetando diretamente a questão criminal enquanto definição política, e, consoante isso, as definições criminológicas que se desenvolvem a partir dessa postura, pautada por uma compreensão individualizada, auto-responsabilizadora, produtora e reprodutora do ser social de mercado.

Como resgata Brown acerca da ideia *hayekiana* sobre o ser neoliberal, na qual "trata-se da capacidade não forçada de empenho de experimentação dentro de códigos de conduta gerados pela tradição e consagrados nos mercados e na moralidade juntos" (2019, p. 119, 20).

O que se poderia apontar como a servidão voluntária que caracterizaria o ser social neoliberal que teria profundas consequências na readequação da política criminal desde esse ideário, e que avançaria também sobre a prisão enquanto lócus de exploração, o que se dará mais atenção no próximo capítulo.

Nessa linha escrevem:

> O neoliberalismo não destrói apenas regras, instituições, direitos. Ele também produz certos tipos de relações sociais, certas maneiras de viver, certas subjetividades. Em outras palavras, como neoliberalismo, o que está em jogo é nada mais nada menos que a forma de nossa existência, isto é, a forma como somos levados a nos comportar, a nos relacionar com os outros e com nós mesmos. O neoliberalismo define certa norma de vida nas sociedades ocidentais e, para além dela, em todas as sociedades que as seguem no caminho da "modernidade". Essa norma impõe a cada um de nós que vivamos num universo de competição generalizada, intima os assalariados e as populações a entrar em luta econômica uns contra os outros, ordena as relações segundo o modelo de mercado, obriga a justificar as desigualdades cada vez mais profundas, muda até o indivíduo, que é instado a conceber a si mesmo e a comportar-se como uma empresa (DARDOT; LAVAL, 2016, p. 16)

Neste ponto já se pode identificar o primeiro elemento disruptivo em relação à abordagem da velha economia política (da pena), uma vez que se baseava em uma ordem bipolar (antagonista) dividida entre capitalistas e classe trabalhadora[19] (inclusive a despossuída de traba-

---

19 Lazzarato (2017, p. 12-13), faz um importante abordagem acerca da própria ideia de classe que se altera profundamente dentro do contexto e da reconfiguração do pós-fordismo e da megamáquina do capitalismo neoliberal, "o número de trabalhadores aumentou consideravelmente desde os anos 1970 por todo o mundo, mas eles não constituem mais uma classe politica nem jamais voltarão a constituir. Os trabalhadores possuem de fato uma existência sociológica e econômica e eles formam o capital variável dessa nova acumulação capitalista. [...] A partir da relação capital-trabalho, o que resta do movimento trabalhador está continuamente na defensiva e é regularmente vencido. Sem passar pela usina, a nova composição de classe que emergiu ao longo desses anos é composta por uma multiplicidade de situações de emprego, de não emprego, de emprego intermitente e de pobreza mais ou menos intensa. Ela é dispersa, fragmentada e precarizada, e está longe de adquirir os meios para ser uma classe política, ainda que ela constitua a maior parte da população.

lho)[20], sendo essa dividida entre os trabalhadores dóceis e os indóceis, ambos objeto dos processos de controle social e docilização, como elementos de conformação da própria dinâmica do capital, e na qual, o sistema penal historicamente se fez elemento primordial.

Entretanto, como apontam Duménil e Lévy (2014), a nova ordem do capitalismo mundial ou racionalidade neoliberal agrega elementos a partir do que chamam de a *revolução gerencial*, que inaugura uma nova etapa da luta de classes ou da compreensão do capitalismo mundial ou neoliberal, baseado na gestão (eficientização) dos custos. Ou, como escreve Lazzarato,

> [os trabalhadores... todo mundo aliás] estão tomados em relações de poder que em vez de terem a forma do antagonismo, tem antes a da cumplicidade, da colaboração, da participação no grande desastre da produção capitalista

Atribuem essa reordenação com a separação dos elementos da propriedade dos meios de produção e a gestão dos mesmos, tendo a antiga ideia de propriedade se transformado em propriedade de ativos financeiros e títulos.

Além da revolução gerencial, Lazzarato (2019) fala em uma revolução logística, que permite ao capital manejar sua dinâmica e linha de produção em todo o mundo, prevendo seus custos e maximização de lucros, ou seja, em uma lógica de capital, produção e circulação global de mercadorias e ativos, o que não é totalmente novo, e que já se trabalhou mais acima quando da teoria marxista da dependência.

Ao que, segundo Lazzarato, permite submeter a organização social e econômica como um todo a sua dinâmica de funcionamento; e que, proporciona ao Capital "sapatear entre a subsunção formal e material do trabalho ao capital" (LAZZARATO, 2019, p. 60).

---

20 Maurizio Lazzarato em O Governo do Homem Endividado acrescenta, "o projeto de substituir o assalariado fordista pelo empreendedor de si, transformando o individuo em empresa individual, que gera suas capacidades como recursos econômicos a serem capitalizados [...] o capital humano, que implica um máximo de privatização econômica e um máximo de individualização subjetiva [...] a fim de obrigar o empreendedor de si a se lançar na concorrência de todo contra todos" (2017, p. 14).

E que permite, a partir de como se trabalhou no primeiro capitulo, demonstrar a passagem de uma lógica de **D-M-D`21**, para uma dinâmica de **D-M-D"** ou mesmo, **A-A'**[22], que não só é a marca de encerramento da era da fábrica e de seu modelo de regulação, como o inicio de uma nova etapa do capitalismo (financeiro), assim como também de toda uma estrutura de regulação e forma politica (Estado) aos moldes e ao modo e necessidades dessa etapa de desenvolvimento das forças e relações produtivas.

Retomando outra discussão também realizada no primeiro capitulo – de se teria havido capitalismo no Brasil colonial do século XIX? –, talvez possa-se aventar que o capitalismo industrial tenha sido apenas o ensaio para a fase madura da dinâmica do capital (atual – financeiro), no qual a pré-história seria justamente o processo de acumulação originária do século XIX escravista

Nessa linha, pensando a logica do capital em uma perspectiva global, de totalidade, enquanto maquina que se encontra na fase neoliberal (ciclo-rotação), no sentido de que, enquanto no século XIX se proporcionou a subsunção formal do trabalho, sobretudo mediante o uso do sistema penal, e no século XX, se consolida a subsunção material, impregnando a vida social com as dinâmicas e fetichização da mercadoria e do capital, o neoliberalismos transita entre as duas, de acordo com os custos e com as possibilidades de maximização de resultados da máquina.

Podendo ir do trabalho no capitalismo mais desenvolvido, marcado pela nova servidão voluntaria, ao trabalho forcado (ou semi-livre) no capitalismo dependente, como o que ocorre na prisão, e se dará a devida atenção no capitulo seguinte.

Assim, a gestão desse capital mediante a profissionalização, terceirização e administrativização da gestão das empresas; delega-se o cuidado com empregados, administração de custos, maximização dos lucros (etc.), passa a fazer parte do quotidiano, não mais do proprietário, mas

---

21 Retomando a formula, já adotada no primeiro capitulo, e que diz respeito ao processo de investimento de (D)inheiro como capital, que redunda em produção de mercadoria e que, por sua vez, proporciona acumulação de mais-dinheiro, resultante da mais-valia, e da logica de funcionamento do capital produtivo, e do capitalismo do século XX (fordismo).

22 Dinheiro-Capital, investido, e que reverte em dinheiro capital financeiro, segundo a fórmula de Lazzarato (2017, p. 129), dentro da dinâmica de massificação e hegemonia do mercado financeiro e do império do capital improdutivo e fictício, que permite capital se transmutar em mais capital.

dos gerentes. Juntamente com toda a cobrança de lucro, crescimento e a promessa de enriquecimento pessoal/individual conforme a roda do neoliberalismo avança.

Em suma, em uma verdadeira generalização da máquina de trabalho abstrato, que não tem nenhuma relação com o produto, com a mercadoria, seja no trabalho do capitalismo desenvolvido, seja no capitalismo marginal, a marca é a alienação exacerbada do trabalho em relação ao capital e seus managers e cujo sucesso depende mais do mercado financeiro, do que do trabalho vivo; como conclui Lazzarato, na realidade, o capitalismo mantém juntas, hoje como outrora, a produção *capital intensive* mais inovadora e as modalidades de exploração *labour intensive,* mais tradicionais e violentas" (2019, p. 60).

Dessa maneira, nessa nova ordem, para além das classes historicamente implicadas, há que se inserir a classe dos gerentes como uma classe – ou grupo de interesse –, que não seria classe trabalhadora (uma vez que o trabalho não é mais formal, mas terceirizado; portanto, seria formalmente associada).

Ao mesmo tempo em que também não é classe capitalista, pois não é detentora de capital; mas, tangencialmente, ainda é fomentadora da ideologia do capital; tendo em vista que é composta por administradores/gestores de capital alheio[23], ao que Dario Melossi chama de *canalha* (2018), enquanto classe ou grupo social, voltado para a consecução individualista dos próprios interesses, mas membros da classe trabalhadora, que sequer é considerada (formalmente) como classe trabalhadora (pós-reformas desregulamentadoras), ou sequer se considera como classe trabalhadora (*lumpemproletariat*).

Como aponta Harvey, a formação do que ele chama de *construção do consenso* neoliberal, dá-se em torno do resgate do discurso da liberdade, que, como enuncia a clássica obra de Karl Polanyi (2000), legou a liberdade de expressão, a liberdade religiosa, de consciência, de associação (...) e todas as liberdades tão caras à sociedade ocidental.

Mas também, contém o gérmen das liberdades liberadas pelo discurso neoliberal, da liberdade irrestrita da acumulação sem limites, na

---

23 Os autores vão além apontando a separação da classe gerencial em uma parte superior gestora dos ativos capitalistas, médio e alto escalão de corporações econômico-financeiras, e a parte baixa representada por trabalhadores administrativos populares, o que conformaria a ideia de classe média enquanto grupo de interesse multifacetado e complexo (DUMENIL; LEVY, 2014, p. 99) exploração interminável dos recursos naturais, pela exploração descontrolada do trabalho de si e dos outros e pela transformação das pessoas e das coisas em mercadorias e valores financeiros exploráveis; e, a crença impingida de que qualquer pessoa é livre para essa sociedade e para essa posição social, discurso que parcela da classe trabalhadora – *a canalha* – reproduz, legitima e chancela.

De maneira concreta David Harvey sintetiza com a proliferação dessas mudanças políticas, iniciadas no governo Reagan, como impulso inicial,

> Centradas num impulso generalizado de redução do alcance e do conteúdo da regulamentação federal da indústria, do ambiente, dos locais de trabalho, da assistência à saúde e da relação entre compradores e vendedores. Os principais recursos usados foram os cortes orçamentários, a desregulamentação e a nomeação de pessoas contrarias à regulamentação e favoráveis a ação da indústria para posições-chave (HARVEY, 2014, p. 61).

Segue ainda, referindo-se à etapa inglesa da forja do consentimento em torno da nova racionalidade neoliberal, aponta,

> A primeira-ministra forjou o consentimento mediante o cultivo de uma classe média que adorava os prazeres da casa própria, da propriedade privada em geral, do individualismo e da liberação de oportunidades de empreendimento. Com as solidariedades da classe trabalhadora se reduzindo sob pressão e sob estruturas de emprego em mudança radical graças a desindustrialização, os valores de classe média se ampliaram a ponto de incorporar muitos daqueles que um dia tinham tido uma firme identidade de classe trabalhadora. Abertura do país ao comércio mais livre permitiu o florescimento de uma cultura do consumo, e a proliferação de instituições financeiras levou um número cada vez maior de valores de uma cultura da dívida a ocupar o centro da vida (HARVEY, 2014, p. 70)

Wendy Brown, por sua vez demonstra como se apresenta a nova racionalidade, e o pensamento neoliberal na atualidade das disputas políticas, sintetizadas nos slogans de campanha dos anos recentes, como ela aponta, demonstrando bem o discurso pseudonacionalista, autoritário, neoliberal, que se pode sintetizar como, *"make América great again"* D.Trump, EUA], "a França para os Franceses" [Le Pen, França], *"Take back control"* [Brexit, Reino Unido], Polônia Pura, Polônia Branca [Partido Polonês da Lei e Justiça] (BROWN, 2019, p. 14); e, poderia-se acrescentar "Brasil acima de tudo, Deus acima de Todos" que representou Jair Bolsonaro no pleito de 2018. No que se tornaria a concretização do que Zaffaroni (2020) em seu ultimo livro chama de totalitarismo financeiro, e que Brown aponta ser, paradoxalmente, legitimado pelas democracias liberais (2019)

Em síntese, a compreensão das relações do capital se alteram e complexificam, no neoliberalismo; ainda que permaneça válido falar que se trata de acumulação, reprodução ampliada de capital e (super)exploração do trabalho (não mais em um mesmo sentido de relação de trabalho formal assalariado), como síntese da máquina social neoliberal (Lazzarato, 2019) ou da racionalidade neoliberal (LAVAL; DARDOT, 2016).

Assim, as relações nesse meio, já não são mais as mesmas. Será que a função do sistema penal o é? Qual seria a função do sistema penal nessa nova conformação de capitalismo neoliberal?

Estavam dadas as bases e o objeto para a nova política criminal, dos novos tempos. Uma política criminal afinada com a racionalidade neoliberal, de acordo com seus princípios e interesses.

Retomando o discurso do vice-presidente de Nixon à época, Dario Melossi transcreve:

> Cuando hablo de los revoltosos, me refiero a los ladrones y delincuentes en las calles, lo asesinos de los líderes políticos, los que evaden la conscripción y queman banderas, los militantes unviersitarios, los que hacen piquetes y marchas contra los candidatos a cargos públicos y los que saquean y queman cuidades (2018, p. 243)

Dardot e Laval, chamam a atenção para que "a principal limitação dessa corrente parece residir numa fobia do Estado que muito frequentemente conduz a resumir a atividade de governar à imposição de uma vontade pela coerção" (2016, p. 155); ou seja, conforme o Estado é retraído, em tantas searas de regulação, tanto se faz necessário a intensificação da regulação pela atuação sócio penal.

Como escreve Wendy Brown, "misturar patriotismo com militarismo, cristandade, família, mensagens racistas cifradas e capitalismo desenfreado foi a receita de sucesso dos neoliberais conservadores" (2019, p. 12).

A partir disso é fundamental, então, definir qual é a função do Estado, nessa ordem neoliberal. Como apontam Dardot e Laval (2016), talvez essa seja a grande diferença entre o liberalismo e o neoliberalismo. Enquanto, naquele a regra era do não-Estado (que já se viu ser uma mentira), que não deveria intervir nas questões privadas, particulares da intimidade dos negócios.

Neste, o Estado se apresenta para reprimir as classes inferiores – ou seja, nesse ponto nada mudou –, mas agora com uma finalidade diversa, a de explorar o mercado da (in)segurança.

Passa-se a falar em um Estado forte e uma economia livre, ou seja, a função do Estado no neoliberalismo, é de intervir na economia, mas cujo foco é a garantia das condições de concorrência de mercado; produzindo as condições para uma situação ideal de competição.

A isso que David Harvey chama de Estado neoliberal na teoria, e fornece alguns contornos do que seria o Estado neoliberal na prática, e sua função; apontando como elementos centrais o ataque à regulamentação do trabalho – as afamadas reformas trabalhistas, do sistema de saúde, reforma da educação, previdenciária – como caminho para o crescimento econômico; ou, a cantilena de que, se produzir mais capital e fazê-lo circular, seria um processo que beneficiaria a todos, e para isso é necessário realçar a fobia ao Estado, ou como aponta Wendy Brown resgatando Hayek, a sociedade não existe, e a ideia de social deveria ser desmantelada, em clara alusão a ideia de desconstruir tudo o que se conhecia e vinculava o indivíduo à instituições coletivas.

Nessa mesma linha, a retração do Estado Social, com a redução da rede de seguridade ao mínimo indispensável, e com abertura ao mercado na educação, saúde, assistência, sempre aderindo à lógica privatista e securitária; afinal de contas, trata-se "de um sistema que acentua a responsabilidade individual. Em geral, se atribuem os fracassos pessoais às falhas individuais, e com demasiada frequência a vítima quem leva a culpa!" (HARVEY, 2014, p. 86).

De maneira geral, serve a síntese oferecida por Dardot e Laval,

> Esse trabalho político e ético de responsabilização está associado a numerosas formas de privatização da conduta, já que a vida se apresenta somente como resultado de escolhas individuais. O obeso, o delinquente ou mau aluno são responsáveis por sua sorte. A doença, o desemprego, a pobreza, o fracasso escolar e a exclusão são vistos como consequências de cálculos errados. A problemática da saúde, da educação, do emprego e da velhice confluem numa visão contábil do capital que cada indivíduo acumularia e geraria ao longo da vida. As dificuldades da existência, a desgraça, a doença e a miséria são fracassos dessa gestão, por falta de previsão, prudência, seguro contra riscos (DARDOT; LAVAL, 2016, p. 230).

Nessa conformação política, econômica e social, dentro dessa racionalidade que se erige e se agiganta a necessidade de um Estado penal como garante das funções do mercado.

Tilman Evers escreveu, há bastante tempo (1979), sobre as funções desempenhadas pelo Estado na periferia do capitalismo. Apontando como basicamente garantia da inserção no mercado mundial (lógica concorrencial); imposição de regras gerais de mercado (supremacia dos interesses do direito privado), o Estado forte e a economia livre que se falava acima; garantia e fornecimento de mão-de-obra, inclusive por meio da desregulamentação e barateamento da mesma.

E os mecanismos de realização dessas funções são o capital (sobretudo financeiro); a ideologia e a importância cada vez maior de construção de hegemonia (e a mídia de massa é um elemento fundamental para tal); o próprio direito enquanto carregado de valores sócio-políticos determinados, ou seja, como veículo ideológico; e por fim, quando todas as formas de intervenção/regulação privatista falharem, ou ao lado de todas elas, a forte vigilância da força física, do sistema penal e a ramificação cada vez mais astuta e aprimorada, dos mecanismos de controle sócio penal.

Obviamente que esse sistema penal e lógica de controle não se apresentam simplesmente como instrumento de garantia de funcionamento do mercado, produzindo mão-de-obra e/ou disciplina como outrora; de outra maneira, inserem-se (mercado) na nova organização neoliberal em que a própria lógica de controle social, constitui-se em mercadoria, com múltiplos ativos financeiros e segmentos a serem explorados.

Esse é justamente o objeto do próximo tópico, que se entende por elementos de economia política da penalidade para uma nova configuração social, dentro da lógica do capitalismo e da racionalidade neoliberal.

Essa novíssima estrutura organizacional, resultante da parceria público-privado, Estado-Mercado, portanto, se apresenta a partir de nós conceituais acima trazidos que são fundamentais. Como o desbaratamento das relações coletivas (e sua consciência), produzindo-se uma atomização social - o empresário de si mesmo.

Com ela, reatualiza-se a concepção de liberdade (de escolhas), seus sucessos e fracassos; dentro de uma abordagem eficiente de análise e cálculo (gerencial e atuarial).

Assim como, o intenso jogo de um processo de remoralização e resgate dos valores tradicionais, como cláusula e condição para o bem do pacto social em torno do credo (neo)liberal.

A isso que Nils Christie (1984) aponta como neoclassicismo, que sustentaria alguns importantes postulados da política (e racionalidade) penal neoliberal.

Nesse sentido se analisa alguns elementos importantes que se manifestam concretamente na realidade social, desde essa base conceitual, e que se materializam na atual política criminal e segurança pública neoliberal.

Talvez a base de grande parte dessa mudança ideológica operada, e de profundo reflexo nas ciências criminais, em sua face mais concreta, seja a política criminal.

Desde um processo de administrativização, que se tem denominado de *Política Criminal Atuarial* (DIETER, 2013), em que se dinamiza gerenciada pelo cálculo do risco, e da eficiência em custos.

Como conceitua Maurício Stagemenn Dieter (2013, p. 20), "o objetivo do novo modelo é gerenciar grupos, não punir indivíduos: sua finalidade não é combater o crime [...] mas identificar, classificar e administrar segmentos sociais indesejáveis", e ainda segue:

> Mas tudo isso era impossível, sem o aumento da eficiência do sistema de justiça criminal, o que requeria adotar uma perspectiva gerencialista, em três etapas: primeiro, identificar os indivíduos com perfil de risco; segundo classifica-los em busca dos perigosos e/ou de alto risco; terceiro, neutralizar esses elementos por longos períodos, sem se preocupar com sua (impossível) ressocialização. Para realizá-las de modo ideal exigia-se sempre a diminuição do controle legal no exercício da competência punitiva e a redução da discricionariedade dos agentes no exercício da competência do sistema de justiça criminal (DIETER, 2013, p. 114)

Assim, sob o guarda-chuva ideológico e fundamentador da política criminal atuarial surgem impactantes teorias.

Nesta linha, Nils Christie aponta, como a incursão de Beccaria nos EUA e na Escandinávia, e para efeito desse trabalho, poderia-se dizer também na América Latina e Brasil. Ambas as teorias – das janelas quebradas e da prevenção situacional – surgem, ou tem importantes propagadores nos Estados Unidos da América, juntamente com a retomada (*neo*)liberal e uma ofensiva conservadora, mormente no plano da questão criminal, que se apresenta como o *Realismo de Direita*.

Para essa tendência, que assume preponderância nas sociedades modernas, ser humano não é o bastante (ou simples e solenemente se nega essa condição a alguns grupos de indivíduos) para possuir direitos e ter suas garantias observadas, ou, como completa van Swaaningen, "tanta energia en la lucha contra la inseguridad de la población – y con ello, en la lucha contra los pobres de la ciudad" (2007, p. 8).

A proposta e militância teórico-política do Realismo de Direita surge em 1975 com a obra de James Wilson intitulada Pensando sobre o Delito (*Thinking about crime*), que se apresenta como uma crítica à denominada criminologia crítica, mormente a sua vertente mais radical – o abolicionismo penal (SWAANINGEN, 2005).

Ademais, esse autor se apresentava como importante consultor dos governos republicanos nos EUA, em política repressivista com vistas a angariar votos em campanhas eleitorais. Assim como, aliado a grupos de pressão pautados por uma ideologia conservadora (ANITUA, 2008).

> Se exigía igual castigo para nobles y plebeyos en los casos en que la violación de la ley fuera la misma. A fin de conseguir esta igualdad, la medida de castigo había de establecerse firmemente de antemano, de acuerdo con la gravedad del hecho, y no de acuerdo con el rango social del culpable o la discreción del juez. [...] Beccaria y Blackstone, llagaron a ser grandes porque eran grandes; pero también porque su mensaje era apropiado para aquellos tiempos. Era compatible con los intereses de un grupo poderoso y con las ideas y razonamientos políticos y económicos (CHRISTIE, 1984, p. 50).

Mas, a principal obra deste período, e a partir dessa orientação, é de autoria de James Wilson (assessor do governo republicano de Ronald Reagan) e George Kelling – a **teoria das janelas quebradas** apresentada na obra, *janelas quebradas: a polícia e a sociedade nos bairros* (1981), que, em síntese, propunha que: se uma edificação tem a janela quebrada e nada é feito, dentro de pouco tempo todas as janelas, desta edificação, e das demais no bairro, estariam quebradas, e se instauraria na comunidade um sentimento de insegurança, no qual vicejaria a criminalidade.

Em um contexto em que se resgatava novamente o conceito (classicista) de liberdade de escolha da conduta, assim como se recolocava a necessidade de imediatidade e certeza da aplicação da lei, ambos conceitos oriundos da criminologia clássica. A proposta era de combate severo a todo e qualquer ato criminoso, mormente os crimes de rua, ou melhor e mais claramente dizendo – as classes definidas como perigosas –, ou seja, as infrações cometidas pela classe, perseguida de sempre; os crimes contra o patrimônio, de drogas e pequenos vandalismos e incivilidades urbanas (*street crimes*).

O novo conceito de perigosidade neoliberal, assim, é delimitado de antemão, por meio de cálculo e previsão de risco, sendo aplicado, desde sentenciamento (*guidelines*) a políticas de policiamento ostensivo (red zones), a partir de determinados perfis, que permitam atribuir o caráter de alto risco para um sujeito ou região da cidade, e com ela, a sentença ou a atuação policial. Conforme escreve Dieter sobre esses perfis:

[seriam indicados como de alto risco, quem apresentasse pelo menos 7 desses indicativos] a) reincidência específica; b) permanência na prisão por mais de 50% do tempo nos últimos 2 anos; c) existência de condenação antes dos 16 anos; d) passagem por instituição destinada a menores infratores; e)uso recente de drogas; f) na adolescência; g) desemprego por mais de 50% do tempo nos últimos 2 anos (DIETER, 2013, p. 110)

Como o autor enfatiza, o objetivo não era diminuir o crime, mas controlar populações. Ou, o retorno a uma pena fundamentalista, como chama Pavarini (2009). Assim, amplia-se e justifica científica e politicamente, o combate e a política – não mais de encarceramento e reabilitação – mas de incapacitação seletiva, desses grupos e pessoas identificáveis pelos cálculos de risco, no novíssimo e eficiente gerenciamento de populações a partir do cálculo de risco.

Como escreve Dario Melossi, "el pressuposto de que, dentro de certa población, sera más alta la probabilidad de encontrar infractores conducirá cada vez más a que sectores de esa población terminen siendo arrestados, condenados y detenidos" (2018, p. 258).

Obviamente que essa questão não se insere no puro voluntarismo contra a criminalidade, mas sim, na criação de um mercado altamente rentável. No qual, os EUA são os pioneiros na sua criação e exportação, que vai do medo, às receitas de segurança.

A partir dessa formulação que se processam as propostas e técnicas de policiamento e combate ao crime denominado de tolerância zero. Utilizadas pelo prefeito Rudolph von Giuliani em Nova Iorque no início da década de noventa; e que é exportada para o mundo inteiro, especialmente a América Latina, onde se cria e difunde um pânico social, e se vende uma receita pronta de segurança que é resultado de uma parceria público-privada de elevada rentabilidade, e a custo de vidas humanas.

O mesmo Giuliani, aplicando o plano da governabilidade nova-iorquina conseguiu manter os índices de criminalidade e aumentar estrondosamente os índices de encarceramento, proposta que é comprada pelo Brasil, ao contratá-lo por meio do governo do Rio de Janeiro como consultor de segurança pública para o período de 2012-2016 (preparação para os megaeventos que ocorreriam – Copa do Mundo e Jogos Olímpicos).

Outro vértice da mesma política, alinhada com as teorias neoclassicistas é a **Teoria da Escolha Racional** (*Rational Choice Theory*) em que voltam a salientar o crime como uma escolha, livre, do sujeito e como resultado, de um cálculo de custo benefício, diante do qual, a política criminal deveria oferecer obstáculos para o crime; aumentando o custo, com vistas a prevenção. Assim, esclarece Vanessa Feletti (2014, p. 121):

> Assim, a causa do crime seria uma escolha racional do agente delinquente, o qual opta não só por delinquir, mas também pela melhor forma de fazê-lo (grifo do original).

Esse é outro exemplo de política concreta com base em cálculos de risco (atuarial), consoante escreve Elena Larrauri (2001, p. 47), "1. Un infractor motivado; 2. Un objetivo adecuado; 3. La ausência de vigilância"; esses seriam os elementos que deveriam ter-se em mente, para pensar a política criminal, o risco do crime existe, se não houver vigilância, ele irá ocorrer, e nos lugares que já são previsíveis.

Verifica-se, novamente, a conjunção dos elementos liberdade de escolha utilitária da conduta indesejada, a ratificação da necessidade de certeza da aplicação da lei penal, e, a predictibilidade dos perfis a orientarem essa atuação.

O outro lado da mesma moeda é a **Teoria da prevenção situacional**, na qual aponta-se que, se a conduta criminal é resultado do livre cálculo de benefício x custo; a condição de vitimização também o é. Atribuindo-se à vítima, eventual, parcela de contribuição, ou culpa, por ter se colocado em risco, ou, ao menos não ter observado os cuidados necessários de uma pessoa média.

Como elenca Larrauri (2001), a) incrementar o esforço percebido pelo infrator, como aumentando a dificuldade na conduta, com grades e alarmes, p.ex. b), aumentar o risco percebido, como vigilância permanente (ou eletrônica), empresas de segurança; c) reduzir os ganhos do delito, como a identificação de propriedade de celulares, rastreadores, bloqueadores, ou simplesmente não chamando atenção com objetos/itens caros em público (esse simplesmente uma pauta de retração de conduta); d) incrementar os sentimentos de vingança da vítima, que impulsiona que sejam adotadas as medidas anteriores, e que sejam denunciadas todas as condutas criminosas, diminuindo assim a cifra oculta da criminalidade, assim como também inspira legitimidade as estruturas penais.

A partir disso surgem diversas iniciativas, como *neighborhood watch*, como prática de vigilância comunitária nos Estados Unidos, e no Brasil as associações de bairros, em que incumbem a vizinhança, mutuamente, de se vigiarem como medida protetiva, em canais diretos com as agências de segurança pública.

Surgem as políticas que preveem a responsabilização da sociedade pela própria segurança, na medida em que responsabiliza a sociedade civil por constituir em objetivo alcançável, e assim, o mercado oferece as receitas, através de todo seu mercado do controle do crime; com suas múltiplas formas de vigilância e segurança privada, que se colocam à disposição de quem pode comprar esse sentimento de seguridade; que vão desde deixar de ocupar determinados espaços públicos em certos horários, até utilizar grades, alarmes e sistemas de vigilância. Tudo pautado pelo grande sentimento de medo que assola a sociedade moderna.

Em termos de resultado político-criminal resultante, tem-se a divisão da cidade um zoneamento de acordo com um mapa da criminalidade, em uma perspectiva atuarial, ou seja, as zonas em que se praticam mais delitos receberão maior atuação das estruturas de controle, em uma clara decisão seletiva, tendo em vista que a concepção de insegurança, a guiar esse zoneamento, dá-se de forma axiologicamente orientada, pois, focaliza os crimes e rua e nas incivilidades cometidas por determinada classe social e o incômodo que esses grupos oferecem.

E, por fim, a ponta que se reserva ao sistema, que se apresenta sob a forma da tolerância zero, e do amplo espectro do controle institucional imbuído de todo aparato tecnológico, que fazem da ideia de segurança pública o CSI da vida real, e que nada mais é do que, a glamourização do controle penal eficientista. René van Swaaningen resume a pauta reformadora que engloba as duas teorias que se inserem nesse processo histórico:

> La política de prevención del delito se ha caracterizado por ser una fusión de prevención situacional y social, con aumento de deferentes formas de vigilancia, la aplicación de un llamado enfoque multi institucional integral sobre la inseguridad y por otorgar un marcado peso a los problemas específicamente urbanos [...] una de tales estrategias es la orientación claramente actuarial en el trazado de perfiles del delito geográfico: patrones de delincuencia y zonas calientes se señalan sistemáticamente. (SWAANINGEN, 2007, p. 10)

Nesta linha, no que toca à continuidade dada ao Brasil às pautas internacionais, e, sobretudo, às advindas dos focos centrais e tradicionais de poder hegemônico, que dizem respeito ao presente trabalho, principalmente a política penal e a afamada (inglória) guerra ao crime, ou melhor, a alguns tipos de criminosos, como bem aponta van Swaaningen, "no resulta exagerado decir que la nueva metáfora para la seguridad ciudadana es *barriendo las calles*, como si se estuviese hablando de suciedad" (2007, p. 3).

Além dos crimes definidos como de rua acresce-se a *war on drugs*, e a guerra travada contra o monstro (ficticiamente criado) do crime organizado – mormente um monstro intestino, o que se insere dentro das próprias penitenciárias, que se retroalimenta, com a política de encarceramento em massa resultado da política criminal atuarial, da nova defesa social e do eficientismo punitivo.

Salienta-se que não é privilégio (ou demérito isolado) do Brasil essa política que Loïc Wacquant define como onda punitiva, e ainda, escreve "a causa da virada punitiva não é a modernidade tardia, mas sim o neoliberalismo, um projeto que pode ser abraçado, indiferentemente, por políticos de direita ou de esquerda" (WACQUANT, 2012, p. 26).

CAPÍTULO 3.
NEOLIBERALISMO E ENCARCACERAMENTO EM MASSA: COMPLEXIFICAÇÃO E RAMIFICAÇÃO DA PRISÃO – NOVAS FORMAS E FUNÇÕES

3.1 *A DIVERSIFICAÇÃO E COMPLEXIFICAÇÃO DAS FUNÇÕES DA PRISÃO*

3.2 *ENCARCERAMENTO EM MASSA E THE NEW SLAVERY: do problema social ao investimento empresarial e a exacerbação da acumulação no neoliberalismo*

O importante e recente livro de Marcelo Badaró Mattos, intitulado A Classe Trabalhadora - de Marx ao nosso tempo (2019) e que resgata o conceito de classe, assim como o de ideologia e consciência de classe são de valiosa contribuição para nosso momento atual, e, com isso, para essa análise.

Badaró Mattos inicia a segunda parte do livro apresentando alguns vários dados, acerca dos índices de trabalho, emprego, desemprego, formalidade e informalidade, a partir de dados da Organização Internacional do Trabalho (OIT) e que permitem, com base neles, afirmar "que a grande marca do mercado de trabalho mundial atual é a precariedade" (2019, p. 75).

E isso é exatamente o objeto específico desse terceiro capítulo, uma vez que diz respeito a ideologia do (não)trabalho (no sentido formal e duradouro) no neoliberalismo e sua relação com o ideário do aprisionamento, ou seja, o trabalho carcerário neoliberal – o complexo industrial prisional brasileiro e seu capitalismo punitivo dependente.

Como se trabalhou acima, Melossi e Pavarini (2006) apresentaram o conceito de *less elegibility* (menor elegibilidade) que seria a ideia de que as condições de vida na prisão não poderiam ser melhores que as condições de vida (da pior vida) fora da prisão, como condição para que servisse de contra motivação à conduta delituosa – prevenção geral (dissuasória), como se denomina na teoria da pena.

Nesta linha que o trabalho prisional do Século XXI, novamente interligado com o mercado, proporciona uma ferramenta poderosa no processo de precarização das relações laborais; interferindo e regulando as relações de trabalho, tanto dentro, quanto fora da prisão; empurrando a nova força de trabalho servil-autônoma neoliberal – afinal de contas, ainda existe trabalho pior, o prisional como contramotivação – para a precarização e informalidade.

Nessa linha se poderia dizer, na esteira proposta por Lazzarato (2019), que se trata de mais uma maquina de guerra dentro e em função da megamáquina social do capitalismo, como ele próprio propõe, retomando a Guattari, e que "implica dominantes e dominados, relações entre forcas a partir das quais se produzem normas, *habitus*, leis, mas também o fazer morrer, e a violência" (LAZZARATO, 2019, p. 109). Megamáquina que funciona desde a logica da criação e destruição.

A mesma que proporciona a retirada de imenso contingente de pessoas do mercado de trabalho, com isso o regulando; também constrói a própria maquina carcerária como um espaço de exploração econômica, criando um amplo território para colonização com as logicas do capital.

Além de criar um novo ciclo dentro da dinâmica do capital. Se o liberalismo e o trabalho formalmente livre proporcionaram a subsunção formal do trabalho ao capital, e, a revolução industrial no fordismo, ainda que tardia no capitalismo dependente, permitiram o aprofundamento das relações de exploração, com a subsunção material do trabalho o capital, e que, dentro de uma dinâmica de revolução logística e gerencial proporcionada pelo neoliberalismo, permite ao capital transitar entre uma e outra, de acordo com seus interesses.

Ainda, o neoliberalismo produz, o que se poderia chamar, de uma verdadeira sublimação do trabalho ao capital, ou uma subsunção virtual do trabalho ao capital, que quer dizer, o trabalho se vê de tal forma absorvido e consumido pela lógica capitalista que se coloca impotente para a reversão da sua lógica de funcionamento.

Situando-se em uma estrutura de funcionamento que permanentemente produz e reproduz as condições do próprio funcionamento.

Verificando-se uma dinâmica de aprimoramento (que parece) inesgotável dos mecanismos (relações de produção) de exploração da força de trabalho, que se apresenta cada vez mais improdutivo, virtual, especulativo.

E nesse sentido, a prisão parece ser o reduto privilegiado da superexploração do trabalho no início do século XXI e é sobre essa face da prisão que se quer abordar, ligando a prisão, enquanto manifestação da nova escravidão (*new slavery* como se chama nos Estados Unidos da América), obviamente que guardadas e respeitadas todas as particularidades históricas.

3.1. A DIVERSIFICAÇÃO E COMPLEXIFICAÇÃO DAS FUNÇÕES DA PRISÃO – A INSUFICIÊNCIA DA VELHA ECONOMIA POLÍTICA DA PENA

Inicialmente, revisita-se o momento fundacional da penalidade para resgatar e problematizar suas funções, não no sentido de recontar – e com isso incorrer em arbitrariedade com a história – mas para pensar a realidade atual, e se essas funções historicamente atribuídas à pena, dão conta da realidade contemporânea.

Nesta medida, também não se busca reconstruir o mosaico a que se atribui a origem da penalidade por privação da liberdade/trabalho forçado, mas especificamente sua explicação marxista que vincula a liberdade/prisão ao mercado de trabalho/produção – ou seja, como um mediador fundamental da organização social capitalista.

Para isso, volta-se às duas primeiras, e principais obras, que realizaram essa abordagem em uma perspectiva crítica. Constituindo-se, no principal marco teórico da economia política da pena em chave de análise materialista.

A construção fundacional da economia política da pena com a obra *Punição e Estrutura Social* de Georg Rusche e Otto Kirchheimmer (2004) de 1939, mas que durante muito ficou esquecida nas estantes, e veio à tona no final da década de 60 com a segunda edição norte-americana, e, no final de 70, com a tradução ao italiano, por Dario Melossi e Massimo Pavarini (1979), uma vez que o livro seria complementado pelo *Cárcere e Fábrica: as origens do sistema penitenciário (séculos XVI-XIX)* (2006 [1977]), de autoria destes últimos; ou seja, apenas tardiamente a economia política de pena realiza sua síntese sobre a questão da punição, da prisão e sua relação com a questão do mercado produtivo e de trabalho.

Assim, essas duas obras que se complementam vão proporcionar a síntese do surgimento da prisão enquanto lócus de cumprimento de pena e a constituição da relação social do cidadão livre burguês ligado por um contrato aos seus semelhantes livres e ao Estado, e cujas relações são mediadas pela ameaça de suspensão temporal dessa liberdade – a prisão/trabalho.

Por isso busca-se resgatar a contribuição e explicação da economia política da pena, em uma perspectiva de explicação marxista, para compreender a relação dos elementos imbricados: liberdade – tempo – pena – trabalho – sociedade burguesa – mercado capitalista.

Para uma análise da velha economia política da pena, as penas diziam respeito às condições econômicas, nas quais estavam inseridas, como mostram Rusche e Kirchheimer (2004), com o uso da multa, indenização e fiança na Alta Idade Média; período de prosperidade econômica, em que o pagamento de um determinado valor poderia se constituir em mediador das relações e das condutas sociais.

As penas pecuniárias, gradualmente, deixaram de ser utilizadas conforme os malfeitores das classes mais baixas não tinham condições de pagar por elas, deixando de se constituir em um instrumento de controle social; e, a medida que a pobreza, a incapacidade econômica e a deterioração social avançavam, as penas e o controle social necessitavam de novo foco de atenção – que seria o corpo e as chagas da massa de pobres e despossuídos.

Assim escrevem Rusche e Kirchheimer, acerca das penas como demarcadores de um período histórico e suas relações sociais, ou mesmo de seu suposto estágio de desenvolvimento civilizacional,

> A punição brutal não pode ser simplesmente atribuída à crueldade primitiva de uma época, agora abolida. A crueldade mesma é um fenômeno social que apenas pode ser entendido nos termos sociais dominantes num dado período (2004, p. 42).

Da mesma maneira que o uso de penas corporais não diz respeito ao estágio de desenvolvimento, enquanto civilização, ou mesmo de uma partilha ou aceitação da barbárie, como dinâmica de relações sociais; a substituição das penas corporais e do sofrimento físico, também não diz respeito a um avanço, enquanto modelo societário. Ou mesmo, como historicamente se quer crer, de um aprimoramento humanitário, mas tem a ver com as necessidades macroestruturais dessas mudanças comportamentais, em relação às pessoas, aos comportamentos e aos castigos.

Nesse contexto Rusche e Kirchheimer (2004) inserem o surgimento do direito penal moderno, como um corpus normativo regulamentador das condutas humanas, balizador da resposta estatal em relação a estas e a prisão, como lócus de depósito de pessoas atingidas, ou definidas como violadoras desse códex de conduta social; ou, em uma leitura da velha economia política da pena, é justamente nesse contexto, nessa macro estrutura de sociedade capitalista, que surge a necessidade de uma estrutura normativa, impondo o trabalho como conduta obrigatória e representativa da moral do homem livre e laborioso.

Da mesma maneira, surge (constrói-se) a instituição de confinamento chamada prisão, enquanto espaço de privação da liberdade e de ensinamento das novas condições de trabalho, não por acaso, nascem conjuntamente cárcere e fábrica, um a imagem e semelhança do outro.

Dinâmica essa voltada ao disciplinamento, que em um primeiro momento, seria proporcionada de maneira voluntariosa pelas estruturas de controle, como política de assistência social, ofertando o aprimoramento para o novo regime de trabalho capitalista; em um segundo momento, operando uma divisão social de maus pobres e bons pobres, estes, que eram dignos de pena e de filantropia caritativa, e àqueles, que eram dignos de uso da força para imprimir-lhes o hábito do trabalho mediante a privação da liberdade, em instituições de confinamento e trabalho forçado, extirpando da organização social os vícios e a vagabundagem. Nessa linha escrevem Melossi e Pavarini (2006, p. 36)

> Um estatuto de 1530 obriga o registro dos vagabundos, introduzindo uma primeira distinção entre aqueles que estavam incapacitados para o trabalho (*impotent*), a quem era autorizado mendigar, e os demais, que não podiam receber nenhum tipo de caridade, sob pena de serem açoitados até sangrar. O açoite, o desterro e a execução capital foram os principais instrumentos da política social inglesa até a metade do século [XVI], quando os tempos se mostraram maduros, evidentemente, para uma experiência que se revelaria exemplar. [...] além disso, ela deveria desencorajar outras pessoas

a seguirem o caminho da vagabundagem e do ócio, e assegurar o próprio auto sustento através do trabalho, a sua principal meta.

Ocorre que – criado o Direito Penal como forma única de regular os comportamentos voltados para a rotina de trabalho, e, conjuntamente a instituição prisional como destino dos trabalhadores infratores ou vagabundos –, com o século XIX e a revolução industrial, tanto o direito penal quanto a prisão perdem sua função original, mas não perdem seu sentido de existir, uma vez que já não seria preciso mais de uma massa de trabalhadores tão extensa, e tampouco, da sua função pedagógica, de ensino laborioso.

Dessa maneira, a prisão e o direito penal, restam como instrumentos de monopólio da violência e da gestão da liberdade. Assim como única ferramenta, ou mesmo resultado, da resolução de conflitos sociais, cada vez mais abundantes e problemáticos nas sociedades capitalistas complexas.

Se, de acordo com essa velha economia política da pena, pode-se depreender que a estrutura jurídico-penal e a prisão surgem como instrumentos de gestão do mercado de trabalho capitalista – desde a proibição da vagabundagem, até a vedação de organização como classe laboral –, controlando e disciplinando a massa trabalhadora>

Após a revolução industrial, quando não mais se fazia necessária essa função reguladora, pois, o capitalismo já estaria atrelado ao humanitarismo liberal burguês, ou seja, com o projeto societário capitalista já implantado, a estrutura penal passa a desenvolver a função de gerenciar os despojos desse mesmo desenvolvimento capitalista desigualmente distribuído.

Em síntese, a função do direito penal e das estruturas de controle social estatal passam da dissuasão da vagabundagem – prevenção geral do ócio, da prostituição, da mendicância –, para o combate a situação de pobreza, a violação da propriedade e ao tratamento dos vícios das classes baixas – prevenção especial.

O que se pode verificar, da gradual passagem das penas de açoite ou fiança, para as penas de privação da liberdade, ou mesmo uso de penas capitais, a depender de períodos de crise ou de prosperidade econômica, ou ainda, a maior ou menor necessidade mão-de-obra, como apontam Rusche e Kirchheimer (2004).

Com isso, pode-se apontar, a partir da contribuição da, velha economia política da pena, que a prisão e as estruturas de controle sócio-penal foram fundamentais para (1) organizar e regular o mercado de trabalho – sobretudo classe trabalhadora – massa de sujeitos indisciplinados para a condição de assalariado; (2) controlar o mercado de preços do trabalho, na medida em que era proibido organização laboral, por melhores condições de trabalho e remuneração; (3) garantir o próprio exército de mão-de-obra, uma vez que era vedado o não-trabalho (ócio/vagabundagem), e também garantiam a disponibilidade abundante de mão-de-obra, com a própria obrigatoriedade do exercício laboral; (4) também, a divisão do tempo humano em tempo de trabalho, encerrando a própria liberdade, dividindo-a de acordo com o trabalho contido nessa medida de tempo; e (5) para a produção de uma racionalidade do trabalho, pois, ao longo do tempo se produziu a divisão social de normalidade/anormalidade, desde a condição para o exercício laboral, o que Melossi e Pavarini apontam como o grande produto da prisão – o proletário (2006, p. 211).

Frise-se que se tratou de *velha* economia política da penalidade não no sentido de perda de validade das suas compreensões acerca da sociopolítica da pena, muito pelo contrário, esses elementos teóricos são imprescindíveis para compreender a prisão em um dado contexto e realidade sócio históricas.

Entretanto acredita-se, para efeito desse estudo, que essa compreensão da prisão não dê mais conta da realidade e das funções que a instituição controle sócio-penal agregou, complexificando-se ao longo do tempo conjuntamente com as transformações e desenvolvimento das forcas produtivas; e com isso, transformações da centralidade desempenhada pela prisão e pelas estruturas de controle social na organização social capitalista neoliberal.

Neste ponto, portanto, busca-se inserir novos elementos de economia política da penalidade a partir do contexto neoliberal, até este momento, traçado no sentido de tentar contribuir com elementos que demonstrem o quanto o neoliberalismo, enquanto racionalidade, ultrapassa a questão econômica e tem afetado a questão criminal e as próprias definições criminológicas.

Como Dario Melossi (2018) afirma que se processou um sólido aporte e reorientação em relação às relações sociais, e, com elas, de maneira mais ampla, as próprias definições criminais se alteraram[24].

Assim, esse ponto organiza-se em três momentos: primeiro como a racionalidade neoliberal volta-se para a construção/defesa de uma suposta estrutura consensual de valores sociais, e como, esses valores essencializados estão alinhados econômica e criminologicamente; segundo, a própria construção do sujeito que passa de um sujeito produtivo (*homo laborans*), para um sujeito competitivo, calculador neoliberal, e uma atuação eminentemente centrada em si mesmo; e, terceiro, a consequência criminal e criminológica desses elementos, a influírem diretamente na forma de entendimento e enfrentamento da criminalidade no neoliberalismo, redundando em um determinado estado de coisas, que se busca compreender, desde uma economia política da questão criminal no neoliberalismo.

Dando atenção ao primeiro, já na década de 80, Nils Christie[25](1988), com uma capacidade de análise muito privilegiada e antecipada, falava em neoclassicismo; e, atualmente em teoria econômica fala-se em ressurgimento de um neoconservadorismo ou ortodoxia econômica.

Qual a relação entre esses dois elementos? O neoclassicismo, apontado por Christie, situa o delito como resultante de uma ação racional, deliberada, como resultante de um cálculo de custo e benefício (*ra-*

---

24 Ressalva-se que parece que Dario Melossi foi um pouco duro com a criminologia enquanto campo do saber escrevendo "los criminólogos hicieron [...] la representacion del delito se transformo, de hecho, en un modo de hablar de la sociedade y sus males que iban más allá del fenómeno y el tipo de comportamiento legitimamente identificado como delictivo de acuerdo con la ley penal. Antes bien, esta representacion abordaba el valor moral de la sociedade en su conjunto" (MELOSSI, 2018, 247). Como se os câmbios ocorridos no final do século XX e inicio do XXI fossem culpa da criminologia, ou resultado exclusivo de seu labor, ou mesmo como se a criminologia se apresentasse enquanto campo uno; e não como campo multifacetado, que contém a criminologia conservadora como o realismo de direita, que tampouco realizou esses câmbios sozinha, mas que se apresenta como legitimadora cientifica de determinada concepção de sociedade; e uma campo vasto de produção criminológica crítica, contestatário que se insere em uma perspectiva problematizadora, deslegitimadora da própria criminologia enquanto justificador do modelo societário, e porquanto se apresentando como um espaço de desvelamendo das relações e instrumentos socio punitivos.

25 No original *Limits to Pain* (1981) e com tradução ao português do Brasil Limites à Dor: o papel da punição na politica criminal. Belo Horizonte: DPlacido, 2017. Tradução de Gustavo Noronha de Avila; Bruno Rigon e Isabela Alves.

tional choice theory), suposta racionalidade econômica criminosa, que contrapõe os valores sociais de convívio (ética neoliberal), e que seria função do sistema penal contrapor mediante o resgate de uma política criminal dissuasória desse pretenso cálculo x benefício da conduta criminal mediante a certeza, rigidez e imediatidade da pena.

Na mesma linha, a ortodoxia econômica neoliberal postularia o retorno aos valores sociais, como solução para uma suposta crise, tanto social quanto econômica (fiscal), e, portanto, a resposta para a retomada do crescimento, seria, segundo a tríade do neoliberalismo Friedman-Mises-Hayek:

> trabalho, família e fé são os únicos remédios para a pobreza. Esses três meios estão ligados, já que é a família que transmite o sentido do esforço e a fé. Casamento monogâmico, crença em Deus e espirito de empresa são os três pilares da prosperidade, uma vez que nos livramos da ajuda social, que apenas destrói a família, a coragem e o trabalho (2016, p. 212)

A isso que Dario Melossi, em sua nova obra (2018), aponta como sendo o surgimento de uma estrutura monista de valores, surgida em momentos de crise, sobretudo, crise de hegemonia para a classe burguesa e para as elites dirigentes; estruturando-se em torno de determinadas concepções de Estado, Nação e Comunidade (MELOSSI, 2018, p. 298). Poder-se-ia dizer, ainda, a própria ideia de desenvolvimento, ou mesmo crise, são forjadas a partir das suas necessidades políticas e contextuais.

Em uma clara retomada neoclassicista, de acordo com a racionalidade neoliberal, de uma sociedade de valores de mercado competitivo, que se divide enquanto organização social, não mais entre trabalhador x não trabalhador ou bom pobre x mau pobre; mas sim, em negociadores x não negociadores, entre economicamente ativos x passivos, ou entraves econômicos.

Relacionado a isso, a clássica obra de Dario Melossi e Massimo Pavarini (2006) chega a conclusão ao final do Cárcere e Fábrica, que o principal produto da prisão é a produção do proletário, mediante todo o processo de conformação subjetiva/disciplinar, oferecida pela institucionalidade, circunscrevendo todos os elementos da vida do sujeito, a partir da sua relação com o trabalho. Inclusive, a própria medida de pena como tempo de privação da liberdade do corpo de trabalho – a isso que se entende, para efeito desse trabalho, como elemento central da velha economia política da pena.

Parece que o próprio Dario Melossi revisiona Cárcere e Fábrica, de acordo com as transformações sociais do século XXI; o que está apresentado no livro intitulado *Controlar el Delito, controlar la sociedade: teorias y debates sobre la cuestión criminal, del siglo XVIII al XXI* (2018)[26]. Onde, alinhado com o presente trabalho, identifica-se como conclusão central:

> En cambio, resultaba central para la construcción de la classe obrera, pues sólo una clase trabajadora disciplinada podia convertirse en fuerza de trabajo, es decir, una sección del capital lista para producir ganancias. Sin embargo, este proyecto general estaba, a su vez, al servicio de certa vision del hombre, de la mujer y la sociedade, de um tipo de racionalidade, que reformaria y transformaria todos los aspectos de la vida social, tanto la moralidade como el trabajo (MELOSSI, 2018, p. 291)

Nesse sentido, pode-se apontar a principal obra, resultado da dinâmica de controle social penal por meio da prisão, não como sendo o trabalhador; mas, determinada racionalidade que transformou o sujeito em objeto econômico; o que, atualmente, o neoliberalismo eleva ao paroxismo, com a ideia de homem-empresa, ou sujeito negociador de si mesmo.

Nessa linha, pode-se dizer que acompanha o que propõe Pierre Dardot e Christian Laval. Parece que, na nova racionalidade neoliberal, mediante todo o processo de produção de consenso e formação de hegemonia ideológica, incluindo-se os instrumentos de controle social, produziu-se o sujeito competitivo e a subjetividade do homem-empresa de si mesmo. Assim escrevem, acerca da cultura do *self made man*,

> a maneira como um homem é governado pode não ter grande importância, ao passo que tudo depende da maneira como ele próprio se governa. Precisamente, a grande inovação da tecnologia neoliberal é vincular diretamente a maneira como um homem é governado à maneira como ele próprio se governa. (DARDOT; LAVAL, 2016, p. 332-333)

Esses dois elementos de contexto, em conjunto vão proporcionar o fundamento para uma série de transformações na forma de ver a questão criminal, no neoliberalismo, assentando as bases para uma visão econômica da própria vida social "a família, o casamento, a delinquência, o desemprego, mas também a ação coletiva, a decisão política e a legislação, tornam-se objetos de raciocínio econômico" (DARDOT; LAVAL, 2016, p. 214).

---

26 Título original: Controlling Crime, controlling Society: thinking about crime in Europe and America (2008). Tradução de Maximo Sozzo.

Se outrora a defesa social apresentava-se como garantia e defesa de elementos de mercado, tais como, a propriedade privada ou mesmo a própria garantia de força de trabalho; no mercado neoliberal a própria defesa social constitui-se em mercadoria, em produto de uma relação negocial, no que Christie também foi precursor em anunciar como indústria (seria melhor dizer mercado?) do controle do crime.

Nessa linha, pode-se apontar alguns elementos desse mercado neoliberal, da prestação de serviço de segurança e do controle do crime – o governo através do crime (SIMON, 2017).

Primeiro, parte dos pressupostos acima expostos, da necessidade de construção de uma vigilância, inclusive sociopenal permanente, em torno da manutenção dos valores (de mercado), da proteção da propriedade privada e da garantia da lógica concorrencial privatista.

Juntamente com a formação do consenso em torno do *nothing Works*, que se constitui no fundamento político, de que todo o gasto com vistas a pretensa recuperação do preso – da mesma forma que a assistência – constitui-se em um gasto desnecessário, torna o Estado caro, e, portanto, um entrave ao crescimento econômico; sendo o fim do ideário da reabilitação como medida de contração de gastos como abordado no tópico anterior.

Ocorre que a contração de gastos não se deu, mas pura e simplesmente abandonou-se o ideário da reabilitação e as históricas e declaradas funções da pena; ao passo que a exigência de permanente e firme vigilância e punição às infrações dos valores da sociedade neoliberal, fizeram com que o investimento/gasto com sistema penal, e todo seu aparato de controle e punitividade, não parassem de crescer; como também, o acirramento do desejo/necessidade de defesa/proteção dos homens de bem, o que redundou rapidamente no *mass encarceration,* em todas as latitudes de adesão ao ideário neoliberal e seu discurso de mercados livres, mas de valores rígidos.

Constituindo-se, em gasto penal de caráter puramente defensista, abandonando por ora, qualquer outra função, que não devolver às classes produtivas a tranquilidade para continuarem seus negócios, cumprirem seus contratos.

E segundo, ao mesmo tempo em que se constitui num imperativo a vigilância dos valores neoliberais, essa segurança – assim como o sucesso econômico – é de responsabilidade inteiramente do agente; atribuindo-se ao sujeito consumidor, a responsabilidade por parcela significativa da própria segurança.

O que, por si só, já abre a questão criminal ao mercado capitalista, transformando o direito à segurança em mercadoria, de múltiplas formas (FELETTI, 2014). Ou seja, quiçá, elevar a própria ideia de segurança ao patamar de mercadoria de interesse nas bolsas de valores, que, por sua vez, também precisam de regularidade e segurança, para seu bom funcionamento.

A esse fundamento converge a teoria da prevenção situacional, como a outra face do livre-arbítrio neoliberal, e do criminoso calculista, onde encontra-se a necessidade de responsabilizar a sociedade pela própria defesa social, socializando as responsabilidades e os custos pelo direito à segurança.

Essa socialização, no capitalismo neoliberal quer dizer, a transformação do direito à segurança em oferta de um segmento de serviço, a ser explorado, e entregue à sociedade, mediante a devida criação de capital; diga-se, de pagamento.

Neste contexto teórico, cria-se uma ampla gama de produtos resultantes dessa racionalidade criminal neoliberal, em que se pode apontar de maneira sumária:

i. amplo segmento da segurança privada, que inclui poderosas corporações de serviços de vigilância, de monitoramento eletrônico, sistemas de alarme, a indústria de utensílios de proteção, como fechaduras, blindagem;

ii. equipamentos para instituições prisionais e órgãos de segurança pública, constituindo-se em uma poderosa indústria logística de produção e cuidado com o fornecimento de uniformes, alimentação, transporte e toda gama de elementos essenciais para o funcionamento prisional e do controle sócio-penal em todas as suas fases;

iii. a tecnologia de controle, que se apresenta como o segmento de alta complexidade, e rentabilidade, que gere/produz tecnologia de ponta, direcionada às instituições de controle (prisões, delegacias...), tais como, detector de metais, aparelhos de raio-x, tornozeleiras eletrônicas, bloqueadores de sinais telefônicos, dispositivos para controle/fiscalização de uso de drogas; armas não letais como o teaser (...);

iv. o próprio cárcere privado, ou gerenciamento terceirizado, que são apresentados como a grande solução para o problema do gasto com o encarceramento, transformando-o em negócio imensamente lucrativo, como se verifica com o crescimento das empresas, com capital aberto na bolsa de valores, e, que tem sido vendido como a pedra angular para o problema da superlotação carcerária e ineficiência de gestão; empresas nas quais o preso ou as vagas prisionais são constituídos em matéria prima do negócio carcerário, de maneira clara, separando a propriedade pública da instituição, e sua gestão, que é terceirizada, como se fosse uma S/A de encarceramento;

v. por fim, nesse rol meramente exemplificativo, a utilização de mão de obra prisional, que diferentemente da prisão-fábrica, quando era utilizado como forma de introdução da ideologia do trabalho; no neoliberalismo, a prisão se apresenta pura e simplesmente como repositório de força de trabalho, abundante, a ser explorada mediante contratos de prestação de serviço; uma massa de mão de obra, a baixíssimo custo, posto que seus valores são uma ínfima parcela do trabalho livre. Além de não haver todo o encargo com o trabalho livre, assistência e seguros, todos decorrentes da legislação trabalhista (se ainda existente), sendo um trabalho tomado sem qualquer ônus ou problema, uma vez que está sob severa disciplina carcerária e que a qualquer momento pode se constituir em falta institucional, e com o regime mais severo de pena.

Pode-se verificar, conforme pontua Silvio Cuneo Nash (2017), a expansão do sistema de controle sócio-penal em duas direções, uma expansão vertical com o puro e simples aumento espantoso de pessoas encarceradas, o que Stanley Cohen (1988) chamou de a manutenção do *hard control,* em relação ao qual, o Estado não abre mão, mesmo em momentos de desregulamentação e cortes orçamentários, ou em momentos que índices de criminalidade encontravam-se estabilizados, assistiu-se ao aumento vertiginoso de pessoas sob controle penal.

Mas também a expansão horizontal, com a ampliação dos métodos de controle e alargamento do espectro de vigilância, ampliando a abrangência sobre o corpo social; o que Cohen (1988) chamou de *soft control,* onde se verifica a abertura mercadológica, voltada à produção de capital e o Estado abrindo mão (negociando) o monopólio da violência e do *ius-puniendi,* em que se encontra a polícia comunitária, as formas alternativas de resolução de conflitos, as variadas formas de privatização dos conflitos e sua gestão (…), ou mesmo, vendendo seus presos.

Diante do abandono do ideário da ressocialização, entregando-os como mão de obra, menos que barata, e mais que precarizada para o grande capital e exploração industrial prisional, em uma nova parceria público-privada – prisão-fábrica – não em nome do discurso ideológico da ressocialização. Mas em nome da reprodução ampliada do capital, que se transmuta em eufemismos ampla e facilmente aceitos, como desenvolvimento, geração de oportunidades e aumento da produtividade nacional.

A isso que se entende como sendo o processo de complexificação da pena, não diz respeito somente à prisão; de maneira mais geral, à punitividade no capitalismo neoliberal. Tendo em vista essa expansão e ramificação, submete o sujeito a severo escrutínio em todos os espaços da vida social, atrelado, enredado em uma complexa dinâmica de interesses econômicos.

No último capítulo, visa-se dar atenção específica a questão do trabalho prisional, no encarceramento em massa, e de como o projeto de superencarceramento deixou de ser um problema social e econômico, para se tornar um investimento privado, e inesgotável fonte de força de trabalho. Em condições de semi-servidão, ou, como tem sido chamada na realidade norte-americana de *new slavery*.

3.2. ENCARCERAMENTO EM MASSA E THE NEW SLAVERY: DO PROBLEMA SOCIAL AO INVESTIMENTO EMPRESARIAL E A EXACERBAÇÃO DA ACUMULAÇÃO NO NEOLIBERALISMO

Neste último e derradeiro momento desta pesquisa e construção teórica, aborda-se eminentemente dois pontos. Um concreto a modo ilustrativo, e um teórico, de caráter mais conclusivo, quais sejam: a demonstração material do processo de privatização e constituição do cárcere, especificamente na região Estado de Santa Catarina, em um verdadeiro repositório de mão de obra barata, que tem sido objeto de uma dinâmica crescente de (super)exploração, desde uma parceria publico-privada, na qual o Governo do Estado se apresenta como verdadeiro gestor-agenciador desse exército de força de trabalho precarizada e marginalizada pelas dinâmicas de controle social.

E, em um sentido teórico, de como essa dinâmica político-econômica, enredada com as políticas penais e penitenciárias, se mostra como a nova fase do desenvolvimento das forças produtivas, e na nova etapa de reprodução ampliada do capital.

O que, no século XIX se constitui em produção da subsunção formal do trabalho ao capital, a partir de uma dinâmica impositiva de controle sócio-penal para impor a dinâmica do trabalho-satisfação de necessidades ligado a dinâmica do mercado, a partir da lógica de intercâmbio desigual de equivalentes, que se trabalhou nos capítulos acima.

E que, no século XX, apresentou-se como sendo a forma política da consolidação capitalista, proporcionando a subsunção material do trabalho ao capital, mediante o discurso do controle social, atrelado ao ideário reabilitador, para centralizar a dinâmica de controle social ao trabalho, ao menos enquanto estrutura ideológica, como racionalidade voltada ao trabalho produtivo.

No século XXI, verifica-se uma nova e importante transformação, profunda, nas funções atribuídas à pena e à prisão, não mais a produção de trabalhador enquanto resultado da prisão (MELOSSI; PAVARINI, 2006), também não a ideologia do trabalho, pois não se necessita de tanta mão de obra após as revoluções tecnológicas, e tampouco da ideologização do trabalho; no atual momento sócio histórico de desenvolvimento das forças produtivas, o trabalhador (como o conhecemos) se apresenta como uma parte cada vez menos fundamental no ciclo da produção, e o que necessita a lógica do sistema é um processo de gestão eficiente em custos, e transformação dos serviços em ativos financeiros.

Nesse sentido, a partir do diálogo com a literatura norte-americana, sobretudo a criminologia negra e abolicionista de Ruth Gilmore (2007) que tem longamente retratado esse processo, desde o final dos anos 80, e sobretudo, ao longo dos anos 90; pode servir de uma importante contribuição, tendo em vista se constituir em alerta aos efeitos do processo de fragmentação do trabalho, e transformação dos direitos em mercadoria (sobretudo a segurança), e, com eles, o direito a liberdade mercantilizado, juntamente a prisão como sua negação, constituída em ativo passível de contratação financeira e complexo de exploração econômica.

Nessa linha, dialoga-se com a literatura norte-americana, na medida em que, na realidade brasileira, esse processo está ocorrendo duas décadas depois, e existe todo um acúmulo teórico e crítico acerca desse processo; não sendo totalmente uma novidade ou um processo imprevisível.

Nesse ponto, volta-se a discussão, mais propriamente, para a questão da política de encarceramento em massa, enquanto opção político-criminal, e dinâmica, não apenas para pretensamente produzir segurança, mas também mais-valor e ativos econômicos.

Começa-se pela formulação de Taylor, Walton e Young, em "A nova Criminologia" (1997), e a proposta de construção de uma teoria da conduta desviada desde o marco teórico do materialismo. Como conclusão (entre outras) apontam as origens mediatas e imediatas da reação social como sendo: imediata a decisão política de determinado direcionamento para a questão criminal, e esta é a decisão do encarceramento cada vês maior de pessoas.

Como, por exemplo, o caso brasileiro em que a elevação do índice de encarceramento ronda da casa dos 500% em 25 anos (desde 1990) segundo relatório do DEPEN (2014), ainda que não tenha havido um aumento substancial nos índices de criminalidade (CARVALHO, 2010), a justificar tal escalada da política de aprisionamento.

Mediata como a origem mediata, encontra-se em grande medida, não só a aplicação da dogmática penal, mas também no subjetivismo punitivo dos operadores do direito (em especial a magistratura), quando da aplicação da lei penal, e também da complementação da lei penal e seus procedimentos com sua carga ideológica, moral, cultural, senso de justiça, religiosidade (...), o que se dá não apenas em casos de norma lacunosa, mas sobretudo nos momento de elevado ativismo judicial e voluntarismo salvacionista.

Encontra-se, na postura do populismo jurídico-penal que tem se apresentado eminentemente punitivista, preenchido como aponta Vera Andrade (2015), pelo que chama de *Second Code*, a atuar em paralelo e por trás da aplicação da lei penal, endurecendo seus efeitos e operacionalidade.

Mas, isso não se constitui um fenômeno isolado do neoliberalismo punitivista brasileiro, mas um processo internacional e claramente latino-americano dependente, como demonstra Silvio Nash (2017) apresentando como todos os países latino-americanos, pelo menos, dobraram sua população carcerária entre 2000 e 2012; em grande medida por conta da adesão do discurso penal neoliberal e sua política criminal encarceradora.

Assim, o neoliberalismo enquanto nova racionalidade é fundamental para a reorganização da racionalidade punitiva do sujeito neoliberal.

Primeiramente, a transformação do sujeito atomizado em pretenso empreendedor de si mesmo – a criação do sujeito empresa que responsável por seu sucesso e seu fracasso, como uma verdadeira ode à sociedade competitiva.

Retomando a abordagem de Joachim Hirsch (2014), se o modelo de acumulação da história moderna capitalista guardava na prisão a tarefa de regulação; no neoliberalismo, situa no que se chamaria de complexo industrial prisional, também a tarefa de acumulação, desenvolvendo duplamente a dinâmica de regulação/acumulação.

Esse é exatamente o contexto em que se perfectibiliza o discurso de retomada do livre-arbítrio da conduta criminal, uma liberdade de escolha e conduta que separa os indivíduos entre cidadãos de bem x maus – novamente operando uma sociedade maniqueísta, uma organização social dividida.

Parcela representativa do mal social que a resposta não se apresenta mais como a ressocialização, afinal de contas, ela mesma se colocou livre e espontaneamente nessa condição, e ainda *nothing Works;* então se nada funciona a prisão precisa assumir uma nova função, que não seja ressocializar (abandono do ideário da reabilitação).

A pessoa que é percebida como incorrigível, além de custar caro, tem-se como lei do desenvolvimento neoliberal a ordem: cortar custos, e maximizar resultados.

Sem deixar de responder à sua atribuição de controle das classes subalternas, mas o fazendo maximizando a capacidade lucrativa das funções que lhe são atribuídas, ao que Iñaki Beiras (2019) chamou de modelo de prisão eficiente,

> [...] ou melhor, gestão eficiente do sistema penitenciário e seus estabelecimentos. trata-se na verdade de um modelo que so busca o *bom funcionamento,* (e gestão) da instituição penitenciaria, desprovida de um discurso de legitimação externa (BEIRAS, 2019, p. 36)

Assim se apresenta o cenário de responsabilização do sujeito pela condição de vitimização (teoria da prevenção situacional), sendo responsável pelo ato que se lhe atribui, e sendo responsável pela posição de agredido. Colocando-se o cenário teórico ideológico justificador para o processo gradual, mas acelerado, de privatização dos serviços – amplos serviços – de segurança e controle público e privado do crime/encarceramento.

É justamente em meio a esse processo, de direcionamento reorganizado do mercado capitalista para o mercado de serviços, que que se visualiza a meca da acumulação, e ela estaria nos serviços de segurança, e sua variada gama de atuação e possibilidades de lucro. Desde o fornecimento de gestão privada para segmentos e serviços de segurança pública, até mesmo o oferecimento de todo o arsenal defensista privado.

Esse é o centro de nossa preocupação, que é a adesão do ideário prisional ao discurso neoliberal, encontrando a nova função para a prisão – a função perdida com o *nothing Works* –; na nova racionalidade neoliberal de indivíduos empresa, responsáveis por seu sucesso, de instituições geridas como empresas, a prisão não tem que funcionar, ela precisar render (capital e ativos)! Assim, a partir da lógica da eficiência em custos e maximização dos resultados, a prisão é o destino da política criminal de tolerância zero, voltada aos *street crimes*.

Durante sua história, a prisão cumpria a função de absorver os despojos do desenvolvimento capitalista. Dos anos 80 do século XX em diante a prisão assume a função não mais de absorver despojos, mas sim produzir lucro. Com ela se realiza o sonho *benthamiano*, a massa carcerária não mais como problema social e da (desigual) organização social, mas sim como sucesso de uma gestão de política criminal, orientada em metas de aprisionamento e formação de um exército de força de trabalho.

Chega-se então ao ponto central do presente trabalho, voltando a Marx, que escreve "o que diferencia as épocas econômicas não é 'o que' é produzido, mas 'como', 'com que meios de trabalho'. Estes não apenas fornecem uma medida do grau de desenvolvimento da força de trabalho, mas também indicam as condições sociais nas quais se trabalha" (MARX, 2017, p. 257).

Da mesma forma, esse fragmento servia para se referir ao trabalho escravo, se refere ao que Harvey tem chamado de trabalho precário, a dar origem à servidão por dívida do neoliberalismo; e, também permite aludir ao objeto principal de análise, que é a tomada de força de trabalho carcerária por meio de acordos público-privados, como ocorre, a título de exemplo, no Estado de Santa Catarina[27][28].

---

27 Lei Complementar estadual (SC) 529, de 17 de janeiro de 2011 que regulamenta regime interno dos estabelecimentos prisionais.

28 Em nível Nacional o programa ganhou a denominação de Programa Nacional de Trabalho no Âmbito Prisional, com regras gerais definidas pelo Decreto 9450/2018 decretado pela então presidente do STF Cármen Lucia Antunes Rocha na atribuição temporária de Presidente da República.

Nessa linha, ainda que o trabalho escravo não seja conceitualmente classe trabalhadora em uma perspectiva *marxiana*, da mesma forma a mão de obra prisional, pela inexistência de relação laboral parece que seria caso semelhante. Além de ambos terem perdido a liberdade de decisão de contratação, parece que – para efeito dessa análise e reflexão – a questão central para a macroestrutura capitalista, é "produzir não só um valor de uso, mas uma mercadoria; não só um valor de uso, mas valor, e não só valor, mas também mais-valor" (MARX, 2017, p. 263).

A questão não é retomar o ideário da reabilitação, por meio da tomada de trabalho prisional, mas sim permitir um processo de intensificação de acumulação capitalista, por meio de extração de mais-valia.

Metodologicamente, foi realizado um levantamento quantitativo e documental, junto à 37 unidades prisionais do Estado, dentre um total de 50 unidades prisionais, entre mistas, masculinas, femininas, penitenciárias, presídios, unidades prisionais avançadas, de regime fechado e semi-aberto, de acordo com o mapeamento e divisão geográfica definida pelo Departamento de Administração Penitenciária do Estado de Santa Catarina (DEAP/SC), dividido em sete regiões penitenciárias, conforme a localização no território catarinense.

O levantamento se dirige às unidades maiores, distribuídas em todas as regiões do Estado de acordo com o mapeamento do DEAP, e tendo como critério de inclusão unidades que já se havia identificado em que havia trabalho prisional, o que não quer dizer que nas outras não exista.

Esse levantamento se inicia em setembro de 2019, a partir de uma iniciativa da Comissão de Assuntos Prisionais da Seccional do Estado de Santa Catarina da Ordem dos Advogados do Brasil (CAP-OAB/SC), para identificar alguns elementos e condições prisionais em todas as unidades do Estado, e se estende até abril de 2020, com o levantamento próprio, acerca dos dados do trabalho prisional.

O que permitiu, partir-se de um mapeamento prévio, das unidades que dispunham de um uso recursivo mais significativo em termos de trabalho prisional privatizado-arrendado, que se apresenta como o centro de análise desta investigação.

Essa coleta de dados buscou das instituições prisionais informações/quesitos pontuais, mediante preenchimento de um questionário fechado, que, nesse segundo momento, buscava saber (**a**) quantos presos tinham em sua totalidade, em comparativo ao (**b**) número de vagas oficialmente para o qual as instalações haviam sido projetadas, mas sobretudo, (**c**) do total de presos quantos trabalham, e deste total de trabalhadores, (**d**) quantos exerciam/ exercem atividade laborativa, para empresas privadas, a partir do convênio de empresas para a tomada de trabalho carcerário; e ainda, (**e**) se os chamados trabalhadores nominados internamente *regalias*, também recebiam remuneração (o chamado pecúlio), e por fim, (**f**) se as empresas exerciam as atividades dentro das unidades/complexos prisionais, e (**g**) quais a empresas conveniadas ao Estado e vinculadas a unidade prisional.

A perspectiva teórica, como já se demonstrou na introdução, e ao longo do trabalho, é uma abordagem materialista-crítica do trabalho prisional, sobretudo como esse se vincula ao encarceramento em massa, em um contexto de superexploração da força de trabalho, e como essas duas estruturas – trabalho x prisão – estão interagindo no início do século XXI, na realidade brasileira de capitalismo dependente, desde uma abordagem da teoria marxista da dependência, para buscar entender o atual momento, de incremento em investimentos privados e exploração das unidades prisionais.

Em termos operacionais, a pesquisa obteve uma amostragem bastante significativa do universo prisional do Estado de Santa Catarina, e do trabalho prisional da mesma forma.

Na Região Penitenciária n. 1, que engloba a grande Florianópolis, e que possui 7 unidades prisionais, obteve-se os dados de 5 delas, sendo o que se entende para efeito desse trabalho, as principais, e de maior relevância, em decorrência da população prisional e uso do trabalho prisional; o que se verificou com os dados das unidades: Presídio Masculino de Florianópolis, Presídio Feminino de Florianópolis, Penitenciária de Florianópolis; Colônia Agrícola da Palhoça; e Complexo Penitenciário do Estado (conhecido como São Pedro de Alcântara).

Na Região Penitenciária 2, localizada na região Sul do Estado, que possui 8 unidades prisionais, obteve-se os dados de 6 delas, sendo Presídio Regional de Araranguá; Penitenciária Feminina (Criciúma), Penitenciária Sul (Criciúma), Presídio Masculino de Tubarão, Presídio Feminino de Tubarão, e Presídio Regional de Criciúma (conhecido como Santa Augusta).

Na Região situada no Norte do Estado, que engloba a Região Penitenciária 3, com total de 6 unidades, prisionais, trabalhou-se com os dados de 4 delas; sendo Presídio Regional de Joinville; Penitenciária Industrial de Joinville; Presídio Regional de Jaraguá do Sul; Unidade Prisional Avançada de São Francisco do Sul.

A Região 4, localizada no Vale do Itajaí possui um total de 6 unidades, das quais se dispõe dos dados de 5 delas, sendo Penitenciária de Itajaí, Presídio de Itajaí, Presídio Feminino de Itajaí, Unidade Prisional Avançada de Brusque e Unidade Prisional Avançada de Tijucas.

A Região 5, situada na região Serrana possui 7 unidades prisionais, das quais dispõe-se dos dados de 5 delas, que são Presídio Regional de Lages, Penitenciária Masculina de Lages, Penitenciária de Curitibanos, Presídio Regional de Caçador e Penitenciária Industrial de São Cristóvão do Sul.

Na Região 6, que esta no meio Oeste do Estado, possui o maior numero de unidades, totalizando 10, e das quais se dispõe de 8 unidades em dados nesta investigação, que são, Presídio Regional de Xanxerê, Presídio Regional de Joaçaba, Penitenciária Agrícola de Chapecó, Penitenciária Industrial de Chapecó, Presídio Regional de Concordia, Presídio Feminino de Chapecó, Unidade Prisional Avançada de São Miguel do Oeste, e, Unidade Prisional Avançada de Maravilha.

Por fim, a Região Penitenciária 7 do mapeamento do DEAP, chamado e situado no Médio Vale do Itajaí, a menor delas, que possui no total 4 unidades prisionais, e das quais se dispõe de 3, sendo Presídio Regional de Blumenau, Penitenciária Industrial de Blumenau, e Unidade Prisional Avançada de Indaial.

Está se falando de uma amostragem de 20.371 apenados nas unidades pesquisadas, de um universo total de 23.470 mil pessoas privadas da liberdade em todas as unidades prisionais do Estado.

Consubstanciando uma pesquisa que abarca 86,8% da população prisional catarinense, tendo sido observado uma amostragem relevante (além de 50%) em todas as regiões penitenciárias distribuídas pelo território catarinense.

Tendo-se observado o cruzamento de dados obtidos pelo Departamento Penitenciário Nacional de dezembro de 2019 (DEPEN, 2020). Assim como, números do relatório da Comissão de Assuntos Prisionais da Seccional Catarinense da Ordem dos Advogados do Brasil (CAP-OAB/SC, 2020), e também, outros dados próprios obtidos junto as unidades prisionais via contato pessoal, e-mail e telefônico.

Antes de adentrar mais propriamente nos dados que interessam a essa investigação, alguns elementos a fim de contextualizar a realidade do sistema prisional catarinense, que, não obstante seja um pouco melhor que outras unidades federativas, nas quais a realidade se apresenta significativamente mais dramática, está muito longe do ideal, ainda que esse ideal sequer exista (ou melhor dizendo, o ideal seria menos prisões).

Verifica-se no Estado, uma taxa média de 25% de presos provisórios, o que perfaz uma quantidade de aproximadamente 5.600 presos, em todo o Estado, variando, em algumas comarcas, podendo chegar até a quase 40% de presos provisórios em alguns casos.

Verifica-se, também, um déficit de vagas em todo o Estado, a partir dos dados fornecidos pelo DEPEN, de aproximadamente 4.500; de outro lado, nas 37 unidades pesquisadas, verifica-se um total de vagas disponíveis de 14.581 para um total de pessoas presas 20.659, o que já apresenta um déficit de vagas de 6.078 vagas; o que pode se justificar, tendo e vista que os dados levantados pelo DEPEN vão até dezembro de 2019, e a presente pesquisa colaciona dados que vão até abril de 2020, e se verifica uma variação significativa no sistema prisional, tendo um alto fluxo de entradas e saídas, além da possibilidade de disparidade de dados fornecidos.

Como o próprio DEPEN aponta em seu relatório, o Brasil em sua totalidade, tem ampliado o déficit de vagas em, pelo menos, 25 mil vagas ao ano, desde 2014; a isso que se tem chamado de escalada punitiva, e o que pode ajudar a explicar a diferença de dados e informações aferidas pela pesquisa, e as disponibilizadas no DEPEN.

Além do déficit de vagas, aponta-se, a taxa de ocupação prisional, que, olhado na totalidade das 37 (talvez) principais unidades do Estado, e que demonstram, uma taxa de 129% de ocupação do território prisional; mas que, percebido individualmente, apresenta informações mais preocupantes, como se verifica na tabela abaixo:

Tabela 1 – déficit de vagas por unidade e região penitenciária

REGIÃO 1	Total de Presos	Total de Vagas	Taxa de Ocupação %
P. Fem. Florianópolis	120	118	101,69%
P. Masc. Florianópolis	2276	2276	100%
Col. Agr. Palhoça	614	634	96,84%
P. Florianópolis	1570	1557	100,83%
COPE S. P Alcântara	1312	1297	101,15%
Total da região 1	3897	3877	100,51%
REGIÃO 2			
P. Masc. Criciúma	796	666	119,51%
P. Fem. Criciúma	290	286	101,39%
Pr. Masc. Tubarão	657	388	169,32%
Pr. Fem. Tubarão	98	80	122,5%
P.R. Criciúma	1050	696	150,86%
UPA Imbituba	152	165	92,12%
P. R. Araranguá	360	244	147,54%
Total Região 2	3403	2525	134,77%
REGIÃO 3			
P. R. Joinville	1249	664	188,10%
P. R. Jaraguá do Sul	558	401	139,15%
UPA SF Sul	229	177	129,37%
P. Ind. Joinville	752	670	112,23%
Total região 3	2788	1912	145,81%
REGIÃO 4			
P. Fem. Itajaí	225	194	115,97%
Pres. Tijucas	373	155	192,26%
P. R. Itajaí	1052	700	150%
P. Masc. Itajaí	1389	620	224,03%
UPA Brusque	152	86	176,74%
Total região 4	3191	1755	181,82%

REGIÃO 5			
Pres. Caçador	233	161	144,72%
P. Curitibanos	925	884	104,63%
Pr. Masc. Lages	511	344	148,54%
P. R. Lages	275	192	143,22%
P. Ind. S Crist. do Sul	763	599	127,37%
Total região 5	2707	2180	124,17%
REGIÃO 6			
P. Ind. Chapecó	685	599	114,35%
P. Masc. Xanxerê	283	134	211,19%
P. Fem. Chapecó	260	145	179,31%
P. Agr. Chapeco	1234	1132	109%
P. R. Joaçaba	232	139	166,90%
UPA SM Oeste	120	114	105,26%
P. R. Concordia	222	169	131,36%
P. Masc. Maravilha	109	90	121,11%
Total região 6	3145	2522	124,70%
REGIÃO 7			
P. R. Blumenau	709	451	157,20%
UPA Indaial	114	92	123,91%
P. Ind Blumenau	840	611	137,47%
Total região 7	1663	1154	144,10%

Fonte: Tabela do autor

Como se pode verificar, a taxa de ocupação prisional, de unidades como Presídio Masculino de Itajaí, o presídio Regional de Joinville e o Presídio Regional de Criciúma, ou Regional de Blumenau, que tem, respectivamente, uma taxa de ocupação de 224%, 188%, 150% e 157%, o que demonstra uma outra realidade do encarceramento catarinense.

Mas a questão que mais interessa dentro do panorama prisional catarinense, é a questão da exploração da prisão enquanto mecanismo produtivo. E, neste sentido, pode-se verificar que, das 37 unidades pesquisadas, tem-se um total de 6513 presos trabalhando como trabalhador recluso, ou seja, 31,52% da população prisional pesquisada sob alguma forma de exploração econômica. O DEAP, em seu relatório aponta uma media de 33, 65%, mas incluindo o trabalho externo.

O que, neste trabalho, não se levou em conta, tendo-se considerado somente o trabalho interno desenvolvido nas instituições prisionais, e que, são regidos pela Lei Complementar (Estadual) n. 529/2011 que regula a questão do trabalho prisional no âmbito estadual e, contemporaneamente, com suas relações e possibilidades ampliadas pelo Decreto Lei (Federal) 9.450/2018, que permite a contratação de trabalho prisional, mediante a realização de convênio das Secretarias de Segurança Pública, com entidades, tanto públicas, quanto privadas.

Nesse sentido, que se apresenta de maneira imensamente interessante, resgatando a discussão do primeiro capítulo, acerca da questão da liberdade do trabalho, como condição para consideração da classe trabalhadora, que se desenvolveu no âmbito do que se chamou de capitalismo colonial (e escravista) brasileiro; e que aqui, se apresenta sob a forma de um trabalho, que, de maneira diferente, também não é livre, como aponta a própria Lei Complementar estadual em seu art. 51, no qual coloca o trabalho do condenado como dever social e condição de dignidade humana (SANTA CATARINA, 2011, s/n), ou ainda, de maneira mais clara, no artigo 53 prevê, "o condenado à pena privativa de liberdade está obrigado ao trabalho na medida de suas aptidões e capacidade"(SANTA CATARINA, 2011, s/n).

Esse é exatamente o panorama jurídico e legal em que se insere a exploração da força de trabalho prisional, e no qual, na realidade catarinense, que tem sido vista como vanguarda do processo de modernização da politica penitenciária, quer dizer, etapa de avanço do capitalismo para um mercado que ainda não vinha sendo integralmente explorado, que é o complexo prisional.

Assim, como se verificou, dentre as 37 unidades pesquisadas, nem todas responderam a questão de quantas e quais empresas tinham convênio com a unidade prisional.

Das que responderam, que foram 26 unidades prisionais, estas unidades têm convênio com 71 empresas privadas, associações, prefeituras, para a exploração do trabalho prisional[29]. Mas o Governo do Estado fala em mais de 200 empresas no site da Secretaria de Administração Prisional e Socioeducativa.

---

29 Empresas cujos nomes serão preservados, não obstante se trate de contrato públicos, para evitar danos as marcas e eventuais problemas jurídicos.

Não chama atenção prefeituras ou associações, mas sim o interesse no trabalho prisional de médias e grandes atividades empresariais, como importantes empresas do ramo da produção de cerâmica, ou mesmo um importante empresa o ramo de eletrônicos e telefonia, como a Intelbras produtos e soluções em redes e telecomunicações, assim como muitas empresas do ramo de alimentação e limpeza, tais como Adilia Comercio de Refeições, Health nutrição e saúde, Vivo Sabor, Nutri Saúde, Vida Saudável, e ainda, a presença de Montesinos, empresa especializada em fornecer serviços para prisões, em pelo menos 3 unidades prisionais no Estado.

Nesse sentido, vê-se que as empresas que exercem suas atividades na conservação das próprias unidades, sendo empresas responsáveis pela alimentação e limpeza de diversas unidades prisionais, já estão sob controle privado, constituindo-se em um passo/etapa no processo de privatização, com a transformação da prisão em *lócus* de extração de mais valia, nesse caso, mais-valia financeira e produtiva, conforma aponta Gilmore (2007), abordada mais adiante neste tópico.

Identifica-se também, importantes empresas consolidadas no ramo têxtil, seja de roupas (passando por bolsas e lingeries) ou utensílios domésticos, tais como Industria Têxtil Porto Franco, também Toalhas Atlântica, Cordaville Indústria de Cordas Ltda., Bella Arte Ltda.; Indústria Têxtil Porto Franco Ltda., como também de materiais de construção (cimento, madeira), como empresas do Grupo Gaboardi, indústria de fósforos Ltda., ou mesmo móveis domésticos, como Berlanda Estofados e Estofados Catarinense; bem como, um pequeno segmento de tecnologia.

Identifica-se, também, empresas como a do porte de Tigre Brasil, indústria de materiais de construção, tubos e conexões; e Ciser Indústria de parafusos e demais peças metálicas. Ainda, a empresa Viqua, indústria de torneiras e utilidades metálicas; inclusive fábrica multinacional como Olsen S.A., de materiais médico-odontológicos

Possibilidade que chamou a atenção, desde multinacionais, sociedades anônimas, grupos econômicos que atuam em diversos ramos e setores, como também empresas de menor porte (como EIRELI, ME e LTDA.).

Para se ter uma ideia do crescimento dessa empresa produtiva empresarial, segue abaixo gráfico disponível no próprio site do DEAP, sobre ampliação do fundo rotativo criado especialmente para a arrecadação prisional, no que se tem chamado de Política Nacional de Trabalho no âmbito Prisional. (PNAT), mediante o qual se pode apontar um crescimento ao redor de triplicação da arrecadação desde seu início.

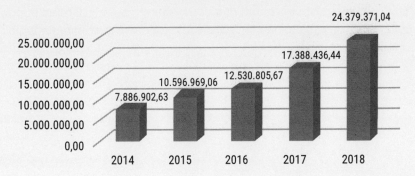

Gráfico 1: Arrecadação do Fundo Rotativo

Fonte: Secretaria do estado da Administração Prisional e Socioeducativa, 2019.

Como se pode verificar, a arrecadação mais que triplicou, em relação ao inicio do projeto, e as expectativas era de que chegassem a 30 milhões ao final de 2019, dado que ainda não se tem disponível; o que faria quadruplicar a arrecadação prisional pelo programa Ressocializando pelo Trabalho do governo do Estado de Santa Catarina.

Assim, dá-se inicio ao projeto de transformação do cenário prisional brasileiro no que se tem denominado de complexo industrial prisional, ou, em um grande canteiro de obras, para utilizar a alusão popular de transformar algo que se demonstra improdutivo em produtivo.

Das mais de 20 mil pessoas privadas da liberdade e que compõem essa pesquisa, 6.500 fazem parte desse exército industrial, que não se pode nem mais chamar de reserva, na medida em que estar dentro da prisão, não é mais estar na reserva da lógica produtiva e do mercado.

E isso fica claro, quando se verifica que, da totalidade do trabalho prisional, 82,69% estão sendo realizados junto a empresas e a iniciativa privada, ou seja, mais de 5.380 pessoas, e apenas 1.200 trabalhadores ligados a ideia original de trabalho prevista pela LEP em 1984, e que, o DEPEN, até hoje, em seu relatório de 2020, chama de laborterapia e que a regulamentação de 2011 do Estado chama de trabalhos sem importância econômica (SANTA CATARINA, 2011, s/n).

Na mesma linha é o discurso do trabalho enquanto parte do processo de ressocialização, como previsto na Politica Nacional do Trabalho no âmbito do Sistema Prisional (PNAT) aprovado pelo Decreto 9450/2018, que resgata a abordagem da prisão x trabalho como forma de inserção social e humanização, e que nada mais são do que uma forma de inserção do projeto de gestão financeira e privatizada da dinâmica prisional, pautada, sobretudo, pela exploração da força de trabalho semi-escravizada, precarizada, sub-remunerada, controlada física e juridicamente, cuja a própria existência enquanto classe se lhe nega.

Nesse sentido são os dados coletados na realidade catarinense, junto a 37 unidades prisionais, conforme tabela abaixo:

Tabela 2 – total trabalhadores x trabalhadores em empresas privada por unidade prisional

REGIÃO 1	Trabalhadores na unidade	Trab. em empresa privada
P. Fem. Florianópolis	50	45
P. Masc. Florianópolis	35	20
Col. Agr. Palhoça	236	205
P. Florianópolis	113	84
COPE S. P Alcântara	475	450
REGIÃO 2		
P. Masc. Criciúma	252	180
P. Fem. Criciúma	205	145
P. Masc. Tubarão	58	45
Pr. Fem. Tubarão	18	10
P.R. Criciúma	255	140
UPA Imbituba	44	25
P. R. Araranguá	119	43
REGIÃO 3		
P. R. Joinville	22	15
P. R. Jaraguá do Sul	170	160
UPA SF Sul	30	26
P. Ind. Joinville	505	408
REGIÃO 4		
P. Fem. Itajaí	99	68
Pres. Tijucas	100	84
P. R. Itajaí	123	111
P. Masc. Itajaí	684	577
UPA Brusque	42	32

REGIÃO 5		
Pres. Caçador	61	39
P. Curitibanos	850	738
Pres. Masc. Lages	43	43
P. R. Lages	76	71
P. Ind. S. Crist. do Sul	90	80
REGIÃO 6		
P. Ind. Chapecó	172	153
P. Masc. Xanxere	78	55
P. Fem. Chapeco	33	21
P. Agr. Chapeco	816	780
P. R. Joaçaba	121	94
UPA SM Oeste	60	38
P. R. Concordia	69	40
Pres. Masc. Maravilha	51	44
REGIÃO 7		
P. R Blumenau	129	119
UPA Indaial	78	65
Pen. Ind. Blumenau	151	133

Fonte: Tabela do autor

Como se pode verificar, tem-se unidades, que já conta com a capacidade de explorar a quase totalidade de sua população prisional, como por exempla a penitenciaria industrial de Joinville, ou a Penitenciária de Curitibanos, ou ainda a Penitenciária Agrícola de Chapecó.

No atual regime de trabalho a que adere o governo e a política penitenciária brasileira e a política catarinense é o plano piloto, na qual não tem nada de laborterapia, assim como também não é um projeto ressocializante; e sim, de exploração de um exército interminável de força de trabalho a baixo custo.

Nessa linha, é muito interessante resgatar Iñaki Rivera Beiras (2019), quando, na mesma linha que Baratta (2019) já apontava, a importância de não se perder ideia de reintegração social do apenado (não ressocialização, que se apresenta como discurso legitimador da pena e da prisão há mais de 200 anos incumprida), mas sim a necessidade de abrir as portas da sociedade para o reingresso do condenado, com politicas concretas de reinserção social, como por exemplo, políticas e acompanhamento pós-prisional.

No sentido que dava Baratta (2011) e que resgata Beiras (2019), da reintegração social não através da prisão, mas apesar da prisão. E, nesse sentido, a pesquisa se depara com a inexistência de dados acerca do pós-cumprimento de pena.

Ficando a provocação: esses dados não existem porque os apenados não têm esse mesmo campo de trabalho quando saem da prisão? porque não existe uma política de acompanhamento depois da prisão? ou, depois da prisão eles já não são mais uma força de trabalho tão atraente como quando eram presos?

Parece que cada vez mais, não só o sistema de justiça se volta inteiramente para a prisão, não obstante seu fracasso declarado (Andrade, 2015), mas também o sistema econômico também começa a identificar o potencial de exploração do complexo prisional.

Realidade na qual, a remuneração, aos moldes de como prevê a LEP (Lei 7.210/84), e em que apenas ¾ fica para o trabalhador/apenado (art. 29), enquanto que ¼ serve a remunerar o contrato/parceria/convênio firmado entre o Estado e a empresa.

A remuneração do reeducando, por sua vez, fica depositada, em um fundo, chamado pecúlio, do qual o apenado poderá fazer uso, para, em primeiro, pagar o ressarcimento da vítima do delito, e ressarcir o Estado com as despesas do condenado; e só então, prestar assistência à família, salientando que o valor só pode ser usado ao longo do cumprimento da pena, seguindo os rígidos e taxativos limites previstos na legislação estadual (art. 60 da LC 520/11).

Não podendo fazer uso de mais de 25% do percebido mensalmente pelo trabalho do preso, conforme artigo 103 da mesma Lei Complementar.

Cumpre chamar a atenção, que pecúlio também era chamado o fundo a que estava autorizado o escravo fazer mediante trabalho extra nas cidades, a que se dava o nome de escrava ou negro de ganho, remuneração pelo trabalho a que o senhor também tinha direito a uma parte; mas a remuneração ficava em sua maior parte, guardada, para o escravizado poder juntar e comprar sua alforria (GORENDER, 2016 a).

Outro dado interessante de pesquisa é que, apenas 8 unidades prisionais responderam que os presos que trabalham para a conservação da unidade prisional – os chamados regalias –, e que, portanto, não estão ligados a nenhuma empresa privada, recebem remuneração e o chamado pecúlio, além da remição, que, ambos, são direitos do reeducando na execução penal previstos na LEP no artigo.

Não obstante não tenha sido objeto de inquirição nesse sentido – pois careceria de uma abordagem qualitativa mais imersiva e ampla –, fica a provocação, de, se não recebem remuneração os presos regalias, seria por incapacidade (ilegal) financeira do Estado? ou mesmo estratégia de fazer com que os reeducandos agradeçam a filantropia oferecida pela empresa privada? Forçando a própria lógica do sistema na direção do processo de privatização e financeirização do complexo penal? Inserindo de vez, a lógica da administração prisional na perspectiva neoliberal da gestão eficiente em custos?

Assim, diante desses dados, e da abordagem materialista empreendida até esse momento, acredita-se que a prisão enquanto complexo prisional a ser explorado, se apresenta como a nova etapa da expansão do capitalismo na periferia capitalista, aos moldes do já realizado no capitalismo desenvolvido, com a particularidade de seguir produzindo os mesmos índices de violência e sofrimento de sua história, cumprindo – além da novíssima função de acumulação de capital – a sua velha função de produção de terror de classe.

Nesta linha segue a brilhante análise de Joachim Hirsch na obra teoria Materialista do Estado (2014) acerca da configuração do modo de acumulação que tem intrínseca relação e uma permanente dialética com o modo de regulação, aponta;

> Cada formação histórica capitalista adquire sua estabilidade transitória através da conformação de um modo de acumulação compatível como o modo de regulação (2014, p. 108)

E continua:

> Mas um regime de acumulação estável só pode formar-se quando se impõe simultaneamente um contexto de regulação correspondente. Ambos devem ser vistos como o resultado de confrontações e lutas sociais em diferentes planos da sociedade, cujo desenlace não pode ser pré-determinado objetivamente, mas depende da força, das estratégias e das conquistas dos atores em jogo (2014, p. 108)

A partir dessa interpretação e análise, insere-se a prisão enquanto dinâmica de regulação, e baseada na política neoliberal, de encarceramento em massa, como resultante de determinada perspectiva política, plasmada em uma política criminal, que serve substancialmente aos ditames do capital, no Século XXI.

Na qual, para os objetivos desse trabalho, apresenta-se como uma dinâmica de regulação necessária para o projeto (modo) de acumulação. Uma dinâmica histórica, que, como o próprio Hirsch aponta, depende da conjuntura e da composição das forças sociais.

Rusche e Kirchheimmer (2008) já demonstraram que o uso (adoção) do trabalho prisional e a pretensão de tornar a prisão lucrativa no século XIX, não funcionou ou não foi permitida justamente por essa correlação de forças sociais.

Naquele momento, a própria lógica de organização (crescente) do trabalho, viu tal dinâmica como nociva às relações laborais e organizativas. Pode se dizer o mesmo do que se tem chamado de período fordista, que era marcado justamente pela forte organização da classe trabalhadora, em meados do século XX (ao menos nas regiões de capitalismo desenvolvido).

Mas essa perspectiva se apresenta forte no século XXI neoliberal, pois, um dos primeiros passos para a mudança nessa correlação de forças, inicia-se na década de 70 do século XX, com o processo de enfraquecimento/esfacelamento da organização laboral (sindical), e, culmina, com a década de 90 e início do século XXI com uma dinâmica acentuada de desregulação e enfraquecimento das relações produtivas, bem como, com a consolidação de uma classe trabalhadora desprovida da consciência de classe, composta por seres sociais fragmentados.

Onde se apresenta fundamental entender, como isso tem reflexos e interage diretamente com o processo de encarceramento em massa, e, a retomada de projeto de tornar a prisão lucrativa. Ainda que não no mesmo sentido do século XIX, mas ainda assim, intimamente ligado ao modo de acumulação e enfraquecimento das relações laborais.

Diante desse contexto, permite-se que a dinâmica prisional do encarceramento massivo proporcione, em termos de regulação, encontrar uma nova onda de justificação e legitimação (por meio do trabalho, que oferece uma legitimação de fácil adesão e apelo), permitindo o ciclo cada vez mais ampliado de segregação prisional.

Assim como, em termos de acumulação, se apresenta como a oferta cada vez maior (diretamente proporcional à população prisional crescente e ao encarceramento ascendente) de um exército de mão de obra. O que permite a extração de mais-valia ampliada, aprofundada, com o trabalho prisional. Processo que se apresenta facilitado e rentável, por diversas razões:

1. o trabalhador encarcerado não se constitui em classe trabalhadora, portanto não faz jus as garantias trabalhistas e todos os custos que advém dessa condição[30], que ainda interferem no valor do produto final, permitindo em termos de mercado disponibilizar uma mercadoria com preço mais competitivo[31];

2. o trabalho prisional não tem problemas, em relação a organização dos trabalhadores, e aos "problemas" que isso eventualmente podem ocasionar, como greves, paralisações, exigências de salário, afinal de contas não recebem propriamente salario e tampouco se constituem em classe trabalhadora; além do fato da organização prisional e sua estrutura de controle inviabilizar toda e qualquer forma de insubordinação;

3. não se enfrenta, da mesma forma, empecilhos à produção, tais como, falta ao trabalho, licença por doença, atrasos na jornada de trabalho; ou como diria o próprio Marx:

> No lugar do chicote do feitor de escravos, surge o manual de punições do supervisor fabril. Todas as punições se converteram naturalmente em multas pecuniárias e descontos de salário, e a sagacidade legislativa desses Licurgos fabris faz com que a transgressão de suas leis lhes resulte, sempre que possível, mais lucrativa do que sua observância (MARX, 2017, p. 496)

---

30 Artigo 51 da LC 529; Art. 51. O trabalho do condenado, como dever social e condição de dignidade humana, terá finalidade educativa, produtiva e de reintegração social .[…] § 2º O trabalho do preso não está sujeito ao regime da Consolidação das Leis do Trabalho.

31 Fragmento de entrevista concedida pelo Secretário de Justiça e Cidadania do Estado de Santa Catarina acerca do projeto "Por outro lado, as empresas conveniadas ficam dispensadas do pagamento de 13º salário, FGTS, INSS, aviso prévio, bem como alguns impostos e outros benefícios trabalhistas. Como contrapartida, investem na estrutura das oficinas de trabalho dentro das unidades prisionais e essas benfeitorias poderão ficar na unidade prisional se ocorrer rescisão do contrato de trabalho" Fonte: http://www.sjc.sc.gov.br/index.php/noticias/todas-as-noticias/8715-ressocializacao-em-santa-catarina-31-da-populacao-carceraria-trabalha-dentro-das-unidades-prisionais.

Na tomada de trabalho neoliberal, se substitui o supervisor fabril pela administração e pelo agente penitenciário, remunerado pelo Estado e punido pelo Estado.

4. se produz um processo extremamente descarado de desvalorização do trabalho em termos de valor, juntamente com precarização de condições de trabalho;

5. apresenta-se, novamente, como no século XIX, em um ótimo mecanismo de regulação do valor da mão-de-obra no mercado externo, rebaixamento de salários, afinal de contas, porque que razão ou elevado senso de prodigalidade, um empresário neoliberal arcaria com os custos de um empregado, podendo tomar a força de trabalho prisional com todas as suas economias financeiras e operacionais?

6. além do fato, da tomada de mão-de-obra barata, obediente e controlada pela administração prisional, tem-se a economia com parcela dos meios de produção, como o local (imóvel) e a manutenção do mesmo (energia elétrica p.ex.) que ficam a cargo do Estado, já que dentro da unidade prisional; fazendo o negócio dupla ou multiplamente vantajoso para o capitalista/empreendedor, uma vez que economiza tanto com o valor dos salários, quanto com o capital constante (meios de produção); ocasionando um contrato altamente rentável e meio de acumulação.

A isso que Mathias Seibel Luce (2018), chamaria de cisão das fases no ciclo do capital, referindo-se à dissociação do ciclo produtivo das necessidades das massas[32], o que aqui toma-se, no sentido de como o discurso do trabalho na prisão serve para justificar e retomar a perspectiva do trabalho prisional.

Ainda que, em uma perspectiva absolutamente nova, mas que inaugura a nova transformação, tanto do trabalho, como das relações de prisão e mercado, e as dinâmicas de controle social. Demonstrando, justamente a capacidade sociometabólica (HARVEY, 2018) do capitalismo (mais uma vez).

Assim como da prisão, que se reinventa enquanto modo de regulação, alinhado com o capital como modelo de organização social.

---

32 Aborda, sobretudo, a dinâmica de distanciamento/dissociação, dos interesses do capital em relação as necessidades das massas, no ciclo produtivo a partir da dinâmica expansiva do capitalismo dependente e de consolidação de economias industriais no decorrer do século XX, e Para saber mais, ver: LUCE, Mathias Seibel. Teoria Marxista da Dependência: Problemas e Categorias – uma visão histórica. São Paulo: expressão popular, 2018.

Como aponta Lauren-Brooke Eisen (2019), o trabalho prisional, o discurso da ressocialização e a projeção de construção de um modelo prisional eficiente, nada mais é do que a dinâmica de *Policy makers,* e que serve como estratégia de encobrimento e como objetivo meramente declarado (ANDRADE, 2015), servindo para camuflar uma proposta, e perspectiva de exploração da prisão enquanto lócus de extração de lucro – trabalho prisional e complexo de serviços – quando, em realidade, sua dinâmica está absolutamente dissociada da necessidade ou intencionalidade de produzir qualquer processo de reintegração social.

Nesse sentido, que escreve Lauren-Brooke Eisen:

> Indeed, whether through slavery or incarceration, the United States has a long history of using captive labor for economic purposes, separate and apart from the moral or ethical questions that these practices present. Incarcerated people, much like slaves, were first and foremost a cheap and disenfranchised form of labor [33](EISEN, 2019, p. 47).

O que permite a extração de mais-valia ampliada, e uma nova etapa de expansão do capital, mediada pelo trabalho prisional, porque com o trabalho nas prisões "profit is directly linked to a constant and increasing supply of incarceration prisoners. For the first time, it is in someone`s self-interest to foster and encourage incarceration" [34](EISEN, 2019, p. 64).

Também, ao mesmo tempo em que permite a regulação do mercado de trabalho externo, contribui com a dinâmica de precarização das relações produtivas (em andamento), resgatando novamente o princípio da *less elegibility (menor elegibilidade),* proposto por Dario Melossi e Massimo Pavarini (2006).

Afinal, a prisão se torna concorrente na oferta de mão de obra (por um preço muito mais baixo), permitindo com que o mercado e o capital ganhem dentro e fora da prisão, as custas do trabalho do lado de cá e de lá dos muros.

---

33 Tradução livre: De fato, seja por meio de escravidão ou encarceramento, os Estados Unidos têm uma longa história de uso de trabalho em cativeiro para fins econômicos, separados e separados das questões morais ou éticas que essas práticas apresentam. Pessoas encarceradas, como escravos, eram antes de tudo uma forma de trabalho barata e desprovida de privilégios.

34 Tradução livre: "o lucro está diretamente ligado a um suprimento constante e crescente de presos. Pela primeira vez, é do interesse de alguém promover e incentivar o encarceramento".

Nos dois primeiros capítulos trabalhou-se com a subsunção formal e material, em diferentes momentos de expansão e reprodução ampliada do capital, que se resgata na síntese proporcionada por Marcelo Badaró Mattos,

> no chamado capitulo inédito de O capital, Marx definiu a subsunção formal e a subsunção real do trabalho ao capital. Associando a primeira forma ao mais-valor absoluto e a segunda ao mais valor-relativo, Marx procurou demonstrar que o processo se inicia pela subordinação direta dos trabalhadores aos capitalistas, quando estes passam, na condição de proprietários/possuidores dos meios de produção, a controlar o tempo e as condições de trabalho daqueles que foram reduzidos à condição de proletários. O passo seguinte, da subsunção real, apresenta-se como decorrência da acumulação apropriada pela etapa anterior e se materializa pela aplicação da ciência e da maquinaria à produção imediata (BADARO MATTOS, 2019, p. 27)

A nesse novo momento de reprodução e expansão ampliada do capital, agrega-se o que acredita ser a ideia de subsunção virtual do trabalho ao capital, consoante sinalizado por Hirsch (2014), ainda que não denominando dessa maneira, situa o indivíduo humano (ser social), cada vez menos como sujeito e protagonista do processo produtivo, e cada vez mais, pura e simplesmente, enredado enquanto um objeto/parte/componente – espiritual e intelectivo –, imerso na dinâmica do capital (trabalho abstrato).

Nesse sentido, e desde a realidade a ampliação do trabalho prisional como elemento de mercado, retoma-se ao velho Marx, de Manuscritos econômico-filosóficos, onde escreve:

> Ao mesmo tempo que, na realidade efetiva, ao trabalhador pertence a parte mínima e mais indispensável do produto; somente tanto quanto for necessário para ele existir, não como ser humano, mas como trabalhador, não para ele continuar reproduzindo humanidade, mas sim a classe de escravos que é a dos trabalhadores (MARX, 2010, p. 28)

Ou seja, para efeito desta abordagem e analise, o trabalho carcerário, não serve para reduzir a criminalidade ou tampouco para reinserir socialmente, mas somente para gerenciar a eficiência do processo de extração de mais-valia da prisão e do trabalho carcerário, ampliando e reproduzindo amplamente o capital; não para o sujeito se reproduzir enquanto cidadão, mas para se reproduzir enquanto condenado, preso à logica da exploração e da violência institucional.

Assim, seu trabalho se apresenta, de maneira crescentemente improdutiva e abstrata[35], além de ter cada vez menos poder de servir como elemento de rompimento com as dinâmicas do capital. Demonstra-se como uma relação que simplesmente permite e proporciona o processo de aprofundamento da lógica de submissão e exploração, marcado pela constante e intensa marginalização social e econômica.

Continuando na esteira proposta por Hirsch (2014), a dinâmica de expansão do capitalismo, historicamente, sempre se deu a partir da ampliação da exploração da terra, das tecnologias; e para efeito dessa investigação, trabalha-se com a ideia de que, quando não haviam mais terras a desbravar e povos a dominar, e quando a tecnologia chega em um auge, que mais parece o cume de sua capacidade produtiva, parece que o destino mais lógico é a exploração da prisão.

Com isso, a expansão do capitalismo em sua face/fase neoliberal se volta e avança novamente sobre os trabalhadores, como processo de precarização e sucateamento da própria ideia de classe, e seus elementos custosos ao capital. Esse é exatamente o momento em que se verifica o retorno do capitalismo para dentro da prisão, enquanto *lócus* produtivo a ser explorado. Assim como seu crescente contingente de mão de obra – exército industrial.

Ruth Wilson Gilmore (2007), desde a experiência norte-americana, narra o contexto e os elementos que situam o ressurgimento da dinâmica de produção/extração de mais-valia prisional, como sendo composta, ou resultado, de outros diferentes tipos de mais-valia (ou excedente).

Elenca quatro tipos de mais-valia, que permitem o crescimento da empreitada prisional enquanto projeto socioeconômico, e, dentre eles, em primeiro lugar, o que ela chama de (1) mais-valia do capital financeiro, pois, segundo ela, valor que não está em movimento, não é capital (GILMORE, 2007, p. 58); nesse sentido que, em momento de recessão, ou estagnação, que o capital procura novos projetos e espaços de investimento.

---

35 Acrescenta Marcelo Badaró Mattos sobre trabalho abstrato e concreto, e trabalho produtivo e improdutivo: "a terminabilidade do trabalho decorreria de uma ditadura do trabalho morto. As transformações tecnológicas em curso decretariam o fim da possibilidade de qualquer utopia baseada no trabalho (e, portanto, nos trabalhadores, também eles condenados a perecer). As distinções categoriais entre trabalho produtivo (que gera mais-valor) e improdutivo (que não gera mais-valor), assim como entre trabalho concreto (criador de valores de uso, sociometabolismo da humanidade com a natureza etc.) e trabalho abstrato (produtor de valores de troca, subsumido ao capital, estranhado/alienado etc.). (BADARÓ MATTOS, 2019, p. 98).

É exatamente com a eclosão político-econômica, ou racionalidade neoliberal, que o capital avança sobre o mercado de serviços, como nova etapa de expansão de investimentos, e dentre esses, o capital financeiro visualiza um imenso potencial nos serviços prisionais, mediante investimento de capital privado, e pagamento por meio de títulos públicos – como forma de negócio/contratação garantida, segura.

Ainda que o Estado se desonere das atribuições materiais (execução), nãos se desonera das atribuições se responsabilidade financeiras (dívida pública).

Nesse sentido, o processo de retração do Estado e o afastamento da execução de diversos setores de serviços, iniciada no que se denominou de crise do Estado de Bem-estar (crise do modelo fordista), a nova dinâmica financeira extrai excedente de capital, avançando sobre as atividades estatais, produzindo ativos financeiros (e lucro) com contratos de pagamento (liquidez) garantido.

Aponta como o capital tende a acumulação e expansão, e em períodos de estagnação, o capital também tende a migrar, mediante uma dinâmica dupla que ela chama de compatibilização simultânea de duas lógicas: equalização e diferenciação. Sobre equalização, aponta que o capital necessidade de constante movimento, e nesse sentido, transforma a terra em um espaço universal de exploração e extração de lucro, o que remonta a ideia inicial da teoria da dependência acerca da divisão internacional do trabalho e do capital; ao mesmo tempo em que se desenvolve a dinâmica da diferenciação, pois a circulação do capital proporciona uma lógica de acumulação de capital de determinados lugares, em detrimento de outros, ou seja, a logica de circulação de capital e intercâmbio se apresenta profundamente desigual.

No que diz respeito à (2) mais-valia da terra, com o processo de circulação e migração de capital, o mesmo – diante da estagnação – passa a investir em serviços e outros tipos de contrato; que não necessariamente dependem de trabalho produtivo, mas que possam ser financeirizados; produzindo uma redução drástica e rápida de investimentos, como por exemplo a agricultura, gerando assim uma crise, desvalorizadora da terra; que se apresenta como uma ativo de fácil absorção/aquisição, para outras finalidades; como a construção de prisões, como novo foco de investimento.

A autora chama essa dinâmica de destruição criativa do capital, permitindo gerir o mercado da terra e direcioná-lo para outro segmento enquanto mercadoria; o que Karl Polaniy (2012) já havia chamado de mercadorias fictícias, submetidas as regras e aos interesses do mercado, no neoliberalismo, é transformado em mercadoria abstrata, em ativo financeiro, co-produzindo as próprias regras e funcionamento de mercado.

Nessa linha, acerca da mais valia da terra Ruth Gilmore escreve:

> Surplus land is not empty land. Devalued residential, retail, manufaturing, and other built improvements are symptons of stagnant or shrinking local economies. High unemployment can serve as a guide for locating surplus land, because it is an indication thar capital has reorganized in, or withdrawn from, the area. An example or reorganization is investment in labor-saving technology: capital is still here, value is still produced, but less value circulates as wages. In other words, the local production of surplus land - or labor - can go hand in hand with a rise or a fall in the local production of surplus value[36] (GILMORE, 2007, p. 69)

Agrega ainda, o que chama de mais valia da capacidade estatal, ou mais precisamente a produção de excedente de relações de poder, de força, legitimidade e império estatal, no processo de produção de consenso, em torno de determinações e escolhas políticas, mediante leis, políticos, regulamentos, burocracia, agências reguladoras.

Ou seja, Gilmore (2007) aponta que esse excedente advindo da força pública, se apresenta como resultado do acúmulo dos anos de bem-estar social, e que, perfazem-se, sobretudo por meio do acesso à mídia, e aos mais variados mecanismos, ou como aponta Althusser (1985), aparelhos de estado, de sustentação e convencimento.

O que permite ao Estado, consoante define Ludovico Silva como mais-valia ideológica (2013, p. 164 ss), produzir consenso e validação em torno de interesses sociais de mercado, como se fossem em benefício de todos.

Isso apresenta, no caso do encarceramento em massa, ou mais especificamente, no caso do trabalho prisional, ou construções sempre insuficientes de unidades prisionais, como sendo em benefício das suas localidades,

---

36 Tradução livre: Terra excedente não é terra vazia. Desvalorizações residenciais, de varejo, de fabricação e outras melhorias construídas são sintomas de economias locais estagnadas ou em retração. O alto desemprego pode servir como um guia para localizar terras excedentes, porque é uma indicação de que o capital se reorganizou ou se retirou da área. Um exemplo ou reorganização é o investimento em tecnologia de economia de trabalho: o capital ainda está aqui, o valor ainda é produzido, mas menos valor circula como salário. Em outras palavras, a produção local de terras excedentes - ou mão-de-obra - pode ser acompanhada de um aumento ou queda na produção local de mais-valia.

em nome da maior segurança, como fomento da economia, como ampliação de postos de trabalho, ou mesmo, pura e simplesmente, justificando a intervenção privada, como otimização e eficientização de recursos públicos. Todos recursos argumentativos, que escondem valores e interesses sociais, que tem ampla adesão e capacidade de convencimento.

Por fim, o que denomina de população excedente relativa, na qual aponta que a dinâmica moderna, e a neoliberal mais ainda, gerencia (e portanto, consegue persistir e muito bem), com determinados níveis e índices de desemprego, e esse processo de gestão se dá seletivamente a partir dos processos de migração, e desde uma questão racial e classista, que permite manter e gerir em condições extremas de trabalho e vida, ou mesmo fora de trabalho, determinados segmentos, grupos, contingentes indesejados, racial ou etnicamente identificáveis.

Nesse sentido escreve, acerca da reorganização do mercado de trabalho, a partir das necessidades de modernização financeira e eficiente da dinâmica de exploração do trabalho:

> the ferment produced a growing relative surplus population - workers at the extreme[37] edges, or completely outside, of restructured labor markets stranded in urban and rural communities [...] Capital must be get rid of workers whose labor power is no longer desirable - whether permanently, by mechanical or human replacement, or temporally by layoffs - and have access to new or previously idled labor as the need arises (GILMORE, 2007, p. 70-1).

É interessante, mesmo consideradas populações fora do mercado produtivo, decorrente da reestruturação econômica, modernização das forças produtivas, seguem cumprindo, para a mesma dinâmica, um papel importante, que é o que Marx (2017) denomina de exército industrial de reserva.

É nesse sentido que se extrai mais-valia da população relativa, no mesmo caminho, em que não estão nos planos do mercado produtivo, estão no caminho da marginalização, e do aprisionamento. E por essa via, e nessa condição, voltam a fazer parte dos planos da exploração capitalista, enquanto mão de obra e força de trabalho super-explorada.

---

37 Tradução livre: o fermento produziu uma crescente população excedente relativa - trabalhadores nos extremos, ou completamente fora, de mercados de trabalho reestruturados presos em comunidades urbanas e rurais. O capital [...] deve se livrar dos trabalhadores cuja força de trabalho não é mais desejável - seja permanentemente, por substituição mecânica ou humana, ou temporalmente por demissões - e ter acesso a mão de obra nova ou ociosa conforme a necessidade.

Como escreve Marcelo Badaró Mattos:

> Essa superpopulação relativa que é produto necessário da acumulação, também se constitui em alavanca da acumulação capitalista por representar um exercto industrial de reserva, disponível para ser explorado pelo capital, independentemente do aumento populacional. A cada novo setor da economia ou região do globo desbravados pela expansão capitalista, esse exercto estará disponível para produzir mais-valor, na mesma medida que sua abundancia garante ao capital a possibilidade de manter os salários dos efetivamente empregados em um nível suficientemente baixo para que os processos cíclicos de variação da taxa de lucro não signifiquem um freio definitivo à acumulação (BADARÓ MATTOS, 2019, p. 37)

A isso que Lauren-Brooke Eisen (2019) chamaria de prisioneiros como *commodities*, a serem negociadas no mercado de tomada de trabalho prisional, em uma processo e dinâmica de privatização fragmentada (fatiada) dos mais variados segmentos que compõem o complexo industrial, e se constituem justamente na riqueza transformada a prisão em negócio (ativo financeiro).

Seguindo na mesma linha de análise e interpretação de Karl Polanyi (2012), em que a expansão do capital se volta para áreas ainda não desbravadas, mediante a criação de mercadorias fictícias, como o próprio dinheiro (rentabilidade financeira) a terra, o trabalho, e agora a prisão, como reunindo esses três elementos, potencialidade financeira, espaço/território, e trabalho em abundância.

Ruth Gilmore demonstra como os índices de desemprego tiveram uma elevação, desde 1973, ate 2000, havendo um crescimento constante anualmente, acerca do desemprego (diminuição dos postos de trabalho) que vai, de 624.000 mil pessoas (1973), chegando a um ápice de 1.570.000 pessoas desempregadas (1993) e tendo uma leve diminuição, para 845.000 mil pessoas (2000).

Enquanto paralelamente, se verifica um aumento também constante do uso da mão de obra prisional, que vai de 22.500 presos trabalhando (1973), passando a 161.500 mil pessoas presas trabalhando (2000) (GILMORE, 2007, p. 73).

Por isso, faz-se imensamente interessante a articulação teórica realizada por Ruth Wilson Gilmore (2007), na qual demonstra a conjunção de fatores, financeiros, acesso e investimento na terra e moradia, atuação estatal-ideológica, e gerenciamento de superpopulação relativa e índices de desemprego, em um direcionamento de destruição criativa, e reprodução ampliada e expansão da lógica do capital para dentro do complexo prisional, e mediante uma dinâmica de produção, e extração de mais-valia.

Como conclui Ruth Gilmore,

> the new state built itself in part by building prisons. It used the ideological and material means at hand to do so, renovating its welfare-warfare capacities into something different by molding surplus finance capital, land and labor into the workfare-warfare state[38] (GILMORE, 2007, p. 85)

Nessa linha que se permite chegar a compreensão de que a atual fase da expansão do capitalismo, segundo Hirsch, se daria em duas direções, interna, mediante o processo de racionalização e eficientização de suas técnicas, bem como externa, produzindo novos mercados antes inexistentes, ou não submetidos a lógica do mercado, como o era a ideia de monopólio da violência encerrado nas prisões, sob a tutela e controle do Estado, a partir de uma ideia de interesse público (ainda que isso fosse uma falácia, ainda era menos assustadora).

Com o processo neoliberal em curso, verifica-se que a expansão do capitalismo tem se dirigido para a prisão, justamente nos dois sentidos, seja no sentido de eficientização em custos da administração prisional e da própria política criminal, gerando um imenso mercado de securitização, como já apontado de maneira visionária por Nils Christie (1993).

Seja também para o processo de tornar a prisão um verdadeiro canteiro de obras e complexo industrial prisional produtivo, à baixo custo, e no qual os presos se apresentam como *commodities* a serem negociados em sua reclusão, como força de trabalho.

Nesse ponto, vale resgatar a definição de superexploração da força de trabalho, que tem sido a marca do avanço e etapa atual de expansão do capitalismo, e que se apresenta de maneira mais dramática na realidade de capitalismo dependente brasileiro, com suas prisões e politica criminal genocida, e seu encarceramento em massa, apto a produzir um exercito interminável de mão de obra.

Para isso retoma-se a contribuição de Mathias Seibel Luce (2018) que inicia apontando e explicando o que superexploração do trabalho não é enquanto definição e realidade material concreta. A partir disso,

---

38 Tradução livre: o novo estado construiu-se em parte construindo prisões. Utilizou os meios ideológicos e materiais disponíveis para fazê-lo, renovando suas capacidades de bem-estar para algo diferente, moldando o excedente de capital financeiro, terra e trabalho em um estado de trabalho e guerra.

aponta que a superexploração da força de trabalho não é simplesmente a ampliação e aprofundamento da extração de mais-valia mediante o aumento da carga ou intensidade do trabalho, ou que a superexploração simplesmente se aproxime do regime de escravidão, enquanto formas de produção de mais-valia ampliada e consumo das forças vitais do corpo negro escravizado.

A partir disso, permite-se apontar o que seria a superexploração da força de trabalho, como sendo as manifestações e aprofundamento da face negativa da lei do valor, tais como o a negação do valor produzido pela força de trabalho, pagamento da força de trabalho abaixo de seu valor; consumo das forças vitais do trabalhador e aceleração de seu esgotamento, em síntese, intercambio desigual de equivalentes. Como sintetiza o autor,

> o ímpeto do capital por se apropriar de mais-trabalho, seja reduzindo ate onde puder os salários, seja incrementando ate onde puder o tempo e/ou a intensidade em que o trabalhador produz para valorizar o capital vincula-se ao assunto da luta sem trégua entre dois antagonistas históricos, por um limite à duração da jornada de trabalho – e, cumpre acrescentar, pelo reconhecimento de um piso a partir do qual o trabalhador é remunerado (LUCE, 2018, p. 160)

E é muito interessante salientar que, a redução da remuneração, afeta diretamente o que se denomina de fundo de consumo do trabalhador; e, em se tratando de trabalhador preso, esse fundo de consumo, atinge ainda mais a teoria do valor, pois não é um valor que automaticamente reingressa no mercado, mediante nova etapa de consumo, uma vez que o trabalhador preso, só poder fazer uso (transferir para a família), uma parcela desse valor, que já se apresenta diminuto.

E as outras duas formas de superexploração, atingem, sobretudo o que se pode chamar de fundo de vida do trabalhador, uma vez que é a extração e exploração das forcas físicas, saúde, do sujeito submetido a longas e intensas jornadas de trabalho.

O que no mundo neoliberal já se apresenta sob a forma de precarização das relações de trabalho, o que se intensifica atrás dos muros do complexo prisional, uma vez que se tratam de indivíduos para com os quais se tem muita dificuldade de produzir empatia.

Permitindo ainda que o discurso do trabalho intramuros, independente das condições, se apresentam como uma estratégia de adesão e aceitação muito facilitada, e que permite tal projeto se apresentar tão valioso enquanto investimento em commodities humanas tornadas mercadorias no novo processo produtivo, nessa nova etapa de expansão do capitalismo e remodelação das relações produtivas chamada neoliberalismo.

A partir desses elementos que se permite associar a tomada de trabalho prisional no neoliberalismo – que se entende como *new slavery* (ALEXANDER, 2017) –, ao uso que se fez da força de trabalho escrava na acumulação primitiva como condição para surgimento e maturação do capitalismo enquanto modo de produção social. No neoliberalismo se apresenta como resultado por um processo de acumulação que pensa não ter limites, assim prescinde da clássica ideia de classe trabalhadora.

Nessa linha, entende-se que por meio do uso da mão-de-obra prisional está-se operando um processo público-privado de produção de mais-valia absoluta e relativa conjuntamente, o que em meio a uma política de encarceramento em massa permite uma fonte inesgotável de enriquecimento às custas de sangue e suor de homens não livres explorados em troca da vã esperança da antecipação da liberdade (a promessa de remissão da pena).

De maneira conceitual e desde uma definição *marxiana*, pode-se delimitar a mais-valia absoluta (MARX, 2017) como a produção de mais-valor mediante a extração de valor da força de trabalho com a extensão do período de trabalho (jornada), além do necessário para remunerar a própria força de trabalho e o capital investido (meios de produção). Ainda, que o valor da força-de-trabalho é o necessário para a sua própria reprodução enquanto força de trabalho. Mas isso em condições de trabalho livre e mercado capitalista com proletariado organizado.

No caso do uso e tomada de trabalho prisional, verifica-se um rebaixamento do valor da força de trabalho, uma vez que é absolutamente supérfluo a sua manutenção, e também a própria remuneração dos meios de produção são desnecessários, tendo em vista que se apresentam como privilégio ofertado pelo Estrutura estatal em forma de prisão-fábrica neoliberal.

No que diz respeito a mais-valia relativa, está se dá como a extração de mais-valor dentro da mesma jornada de trabalho, aumentando-se a produtividade, e aí se faz fundamental o ingresso das revoluções tecnológicas proporcionando os meios para ampliação da produtividade e eficiência produtivo da força de trabalho.

A questão que fica é, será que existe lócus de produção mais propício para extrair da força de trabalho maior eficiência do que dentro de uma instituição prisional vigiada permanentemente, e na qual a ineficiência ou qualquer outra falta é apenada com regressão de regime ou qualquer outra forma de repressão penal/administrativa?

Ou ainda, se existe melhor negócio/empreendimento mais seguro do que a garantido/proporcionado tanto em eficiência, quanto em estrutura pelo próprio Estado?

Por fim, se o trabalho livre, com toda a sua regulamentação tanto normativa quanto institucional (realizado pelas organizações fiscalizadoras das condições de trabalho) se apresenta como a história da exploração e é marcada pela incapacidade de controle dos desmandos da classe e interesses capitalistas, assim como da própria lógica sociometabólica do capital.

Imagine-se toda essa intencionalidade voltada para o cárcere e dirigida aos sujeitos que foram relegados e esquecidos pela sociedade de bem extra-muros, constituídos como inimigos e mercadologicamente desnecessários.

CONSIDERAÇÕES FINAIS

Embora conclua este estudo e investigação, esse momento final não se apresenta enquanto conclusão, pois se trata de um processo em curso, e uma conclusão derradeira, demandaria de um juízo de previsibilidade que ultrapassa aos objetivos dessa abordagem.

Mas, o que se pretende, desde uma abordagem da teoria *marxiana*, e do arcabouço marxista, sobretudo partir de um viés decolonial, pensar a realidade latino-americana e em especial brasileira, buscando dar a devida atenção e centralidade ao monumento da prisão enquanto constructo fundamental das sociedades periféricas, no processo de manutenção de uma suposta ideia de ordem social, que se apresenta como a submissão mediante ministração de dor intencional, e exploração da classe trabalhadora, de maneira cambiante ao longo da história recente da modernidade ocidental periférica.

Buscou-se resgatar a literatura marxista para problematizar a questão do trabalho escravizado no século XIX, desde uma base teórica materialista, sobretudo da dependência da formação do capitalismo brasileiro, no que se chamou de capitalismo colonial, e que mediante o uso da violência do escravismo, se permitiu a produção e constituição da elite nacional. Assim como a sua inserção na modernidade capitalista sobre as costas do trabalho e do corpo negro escravizado.

Constituindo-se na acumulação primitiva e na violência original do Brasil moderno que levou a subsunção formal do trabalho ao capital, que ora se apresentou sob a forma do grilhão e chicote do capitalismo agro-exportador escravista, ora pelo capitalismo pretensamente republicano assegurado por uma legislação penal voltada para a garantia do trabalho e obediência/submissão das classes inferiores.

Tentou-se também, a partir da matriz marxista *decolonial* – em uma escolha metodológica, sem prejuízo de outras tantas abordagens possíveis –, demonstrar como as práticas penais, adentrando ao século XX, sempre estiveram alinhadas com as práticas econômicas, como mecânica de condicionamento material da sociedade brasileira, utilizando-se de controle social enquanto violência, ou aparelho de produção de consenso/hegemonia em torno de valores sociais determinados.

Proporcionando a consolidação da sociedade capitalista, mediante a subsunção material/real do trabalho ao capital com a dependência do mercado para prover a própria subsistência, colocando em marcha o sistema de consumo da força de trabalho e mercadorias.

Na mesma perspectiva de condicionamento material dentro do qual se erige o discurso utilitarista da ideologia da reabilitação, é também onde se dá seu abandono, na virada da década de 70-80 no capitalismo central, e que se manifesta sobretudo na virada do século XX-XXI na periferia do capitalismo tardio, onde é suplantado pelo discurso eficientista da gestão baseada no custo-benefício (gerencialista).

A partir do que se proporciona toda a dinâmica para reestruturação, não só da política criminal voltada para o mercado da segurança como um amplo setor a ser explorado economicamente e que privatiza e individualiza o direito à segurança, mas que também proporciona o fenômeno do encarceramento em massa.

O que, por sua vez, se apresenta como a etapa do reajuste estrutural da administração prisional baseado em uma ideia de gestão eficiente, que, para além de seus discursos declarados, quer dizer abrir as portas da prisão para a exploração do capital, desde uma função, ao mesmo tempo destrutiva (não abandonada), mas agora também criativa (de amplo segmento de exploração pelo capital).

Nesse contexto que a prisão demonstra como tem se apresentado tal postura e pauta política, desde a realidade concreta situada na administração penitenciária no Estado de Santa Catarina. Ainda que se apresente como um projeto de reestruturação em desenvolvimento, já se reconhece como vanguarda, em que se apresenta como futuro próximo da administração penitenciária em nível nacional e como parâmetro para a gestão prisional eficiente em custos, e a partir de uma estrutura ideológica de fácil adesão e apelo político.

Por isso, o diálogo com a literatura e experiência norte-americana, pois, se vivencia esse processo desde meados da década de 80, intensificado nos anos 90, e que não só produziu uma nação de encarcerados, como também erigiu a prisão enquanto empresa, em um segmento de alto interesse econômico; o que por si só, já anda na contramão de uma politica de desencarceramento.

Uma vez que, como se trabalhou acima, constituem-se presos em *commodities*, fica uma certeza em forma de pergunta – qual empresa abriria mão de sua matéria prima? – Obviamente que a resposta é, rotundamente, nenhuma!

Em síntese, a reestruturação da prisão, constituída em ativo econômico, e portanto, não mais em manifestação de problema social, mas sim de investimento enquanto empresa, se apresenta como a nova etapa de expansão do capital, proporcionando o que se denominou ao longo do terceiro capitulo, em uma verdadeira subsunção virtual do trabalho ao capital.

Na qual, precarização, superexploração e fragmentação na nova etapa do capitalismo e na divisão internacional do trabalho já se apresenta virtualmente incapaz de produzir emancipação, e constitui em um aprofundamento cada vez maior das lógicas e dinâmicas de exploração, dominação e de dependência.

E essa nova etapa de expansão e reprodução ampliada do capital, apresenta-se como a reprodução e relegitimação também da prisão. Tornando ainda mais fundamental a análise de Angela Davis em Estarão as Prisões Obsoletas? (2018) recolocando a discussão acerca da abolição prisional, como uma questão de agenda política imediata, no contexto em que a discussão teórica penal-criminológica estava às voltas com um garantismo necessário e imediato.

Com isso, a obra de Davis (2018) recoloca a discussão prisional e sua centralidade no debate, onde aponta a prisão como centro fundamental do processo de dominação a que chamamos sociedade moderna e seu contexto neoliberal, e que historicamente se apresenta atravessada pela violência de classe, raça e gênero. Constituindo-se em um verdadeiro monumento da dominação, exploração, exclusão, e segregação.

Ficando a pergunta, se o trabalhador livre custa menos que o escravo, o que custa menos que o trabalhador livre? O trabalhador encarcerado! Eis a nova racionalidade e aprimoramento (neo)liberal das relações produtivas.

REFERÊNCIAS

ALAGIA, Alejandro. **Fazer Sofrer**: imagens do homem e da sociedade no direito penal. Rio de Janeiro: Revan, 2018.

ALTHUSSER, Louis. **Aparelhos Ideológicos de Estado**. Rio de Janeiro: Graal, 1985.

ALVAREZ, Marcos Cesar. **Bacharéis, Criminologistas e Juristas**: saber jurídico e nova escola penal no Brasil. São Paulo: Método, 2003.

————; SALLA; et all. A sociedade e a Lei: o Código Penal de 1890 e as novas tendências penais na Primeira República. In: **Revista Justiça e História**, v. 3, n. 6. Porto Alegre, 2003.

ANDRADE, Vera Pereira de. **A Ilusão da Segurança Jurídica**: do controle da violência à violência do controle penal. Porto Alegre: Livraria do Advogado, 2015.

ANDERSON, Kevin. **Marx nas Margens**: nacionalismo, etnia e sociedades não ocidentais. São Paulo: Boitempo, 2019.

ANITUA, Gabriel Ignacio. **História dos Pensamentos Criminológicos**. Rio de Janeiro: Revan, 2008.

ARAÚJO, Carlos Eduardo Moreira. **Cárceres Imperiais**: a casa de correção do Rio de Janeiro – seus detentos e os sistema prisional no Império (1830-1861). Tese de Doutorado. Universidade Estadual de Campinas, 2009.

BARATTA, Alessandro. **Criminologia Crítica e Crítica do Direito Penal**: introdução à sociologia do Direito Penal. Rio de Janeiro: Revan, 2011.

————. **Ressocialização ou controle social**: uma abordagem crítica da "reintegração social" do sentenciado. Disponível em: www.eap.sp.gov.br/pdf/ressocializacao. pdf. Acesso em: 25 agosto 2019.

BAMBIRRA, Vania. **Capitalismo Dependente Latino-Americano**. Florianopolis: Insular, 2013.

BARKOW, Rachel Elise. **Prisoners of Politics:** breaking the Cycle of mass incarceration. Massachusetts, New York University Press, 2019.

BEIRAS, Iñaki Rivera. **Desencarceramento:** por uma política de redução da prisão a partir de um garantismo radical. Florianópolis: Tirant lo Blanch, 2019.

BERCOVICI, Gilberto. **Soberania e Constituição:** para uma crítica do constitucionalismo. São Paulo: Quartier Latin, 2008.

BERGALLI, Roberto; RAMIREZ, Juan Bustos; MIRALLES, Teresa. **El Pensamiento Criminológico I**: un análisis criticio. Bogota: Temis Libreria, 1983.

BERMAN, Greg; ADLER, Julian. **Start Here**: a Road Map to reducing Mass Incarceration. New York: New Press,2018.

BOSI, Alfredo. **Dialética da Colonização**. São Paulo: Cia das Letras, 1992.

————. O positivismo no Brasil: uma ideologia de longa duração. In: **Do positivismo à desconstrução**: idéias francesas na América. São Paulo: EDUSP, 2004. pp. 157-181.

BROWN, Wendy. **Nas Ruínas do Neoliberalismo**: A ascensão da política antidemocrática no ocidente. São Paulo: Ed. Politéia, 2019.

————. **El Pueblo Sin Atributos**: la secreta revolucion del neoliberalismo. Barcelona: Malpaso, 2016.

CHALHOUB, Sidney. **Visões da Liberdade**: uma história das últimas décadas da escravidão na Corte. São Paulo: Cia das Letras, 2011.

————. Medo Branco de Almas Negras: escravos, libertos e Republicanos na Cidade do Rio. In: **Revista Brasileira de História**. V. 8, n. 16. São Paulo, 1988, pp.83-105.

CHRISTIE, Nils. **La Industria del control del delito**: la nueva forma del Holocausto?. Buenos Aires: Del Puerto, 1993.

————. **Los limites del Dolor**. Ciudad de Mexico: FCE, 1988.

————. **Uma Razoável quantidade de Crime**. Rio de Janeiro: Revan, 2011.

COMBLIN, José. **O Neoliberalismo**: Ideologia dominante na virada do Século. Petrópolis: Vozes, 2000.

DA SILVA, Luiz Fernando; COSTA, Gisele Cardoso. **Teoria da Dependência e América Latina**: análise crítica na perspectiva da Revolução Permanente São Paulo: Sundermann, 2018.

DARDOT, Pierre; LAVAL, Christian. **A Nova Razão do Mundo**: Ensaio sobre a sociedade Neoliberal. São Paulo: Boitempo, 2016.

DAVIS, Angela. **Estarão as prisões obsoletas?** Rio de Janeiro: Difel, 2018.

DEL OLMO, Rosa. **A América Latina e sua Criminologia**. Rio de Janeiro: Revan, 2004.

————. **Ruptura Criminológica**. Caracas: Universidad Central, 1979.

DEL ROIO, Marcos. **Os Prismas de Gramsci**: a fórmula política da frente única (1919-1926). São Paulo: Boitempo, 2019.

DIETER, Maurício Stegemann. **Política Criminal Atuarial**: a criminologia do fim da história. Rio de Janeiro: Revan, 2013.

DONGHI, Tulio Halperin. **História Contemporânea de América Latina**. Madrid: Alianza, 2013.

DOS SANTOS, Theotônio. **Socialismo ou Fascismo**: o novo caráter da dependência e o dilema latino-americano. Florianópolis: Insular, 2018.

DOWBOR, Ladislau. **A era do capital improdutivo**: a nova arquitetura do poder, sob dominação financeira, sequestro da democracia e destruição do planeta. São Paulo: Autonomia Literária, 2017.

DUARTE, Evandro Piza. **Criminologia e Racismo**: Introdução à Criminologia. Curitiba: Juruá, 2011.

DUSSEL, Enrique. **Método para uma Filosofia da Libertação**. São Paulo: Loyola, 1986.

————. **A Produção Teórica de Marx**: Um comentário aos Grundrisse. São Paulo: Expressão Popular, 2012.

————. **16 Tesis de economia política**: interpretación filosófica. Ciudad de Mexico: Siglo XXI, 2014. La Paz: Biblioteca Indígena, 2008.

————. **1492, El encubrimiento del Otro**: Hacia el origen del mito de la modernidad.

EAGLETON, Terry. **Ideologia**: uma introdução. São Paulo: Boitempo, 2019.

EDELMAN, Peter. **Not a Crime to be Poor**: The Criminalization of poverty in America. New York: New Press, 2019.

EISEN, Lauren-Brooke. **Inside Private Prisons**: An American Dilemma in the Age of Mass Encarceration. New York: Columbia University Press, 2019.

EVERS, Tilman. **El Estado en la periferia Capitalista**. Ciudad de Mexico: FCE, 1989.

FANON, Frantz. **Los Condenados de La Tierra**. Ciudad de Mexico: FCE, 1983.

FASSONI ARRUDA, Pedro. **Capitalismo Dependente e relações de poder no Brasil**: 1889-1930. São Paulo: Expressão Popular, 2012.

FEDERICI, Silvia. **O ponto zero da revolução**. São Paulo: ed. Elefante, 2019.

————. **Calibã e a Bruxa**. São Paulo: ed. Elefante, 2017.

FERREIRA, Ricardo Alexandre. **Crimes em Comum**: escravidão e liberdade sob a pena do Estado Imperial brasileiro (1830-1888). São Paulo: Ed. UNESP, 2011.

FLAUZINA, Ana Luiza Pinheiro. **Corpo Negro Caído no Chão**: o sistema penal e o projeto genocida do Estado Brasileiro. Dissertação de Mestrado. Universidade de Brasília: Brasília, 2006.

FRAGA, Walter. **Encruzilhadas da Liberdade**: histórias de escravos libertos na Bahia (1870-1910). Rio de Janeiro: Civilização Brasileira, 2014.

FURTADO, Celso. **Formação Economia do Brasil**. São Paulo: Cia das Letras, 2007.

GARLAND, David. **Castigo y sociedade moderna**: un estudio de teoria social. Ciudad de Mexico/Buenos Aires/ Madrid: Siglo XXI, 1999.

————. **Castigar y Asistir**: una historia de las estratégias penales y sociales del siglo XX. Buenos Aires: Siglo XXI, 2018.

GILMORE, Ruth Wilson. **Golden Gulag**: prisons, surplus, crisis and, opposition in globalizing California. Los Angeles: California Press, 2007.

GONÇALVES, Flavia Maíra de Araújo. **Cadeia e Correção**: sistema prisional e população carcerária na cidade de São Paulo (1830-1890). Dissertação de Mestrado. Universidade de São Paulo, 2010.

GORENDER, Jacob. **A Escravidão Reabilitada**. São Paulo: Expressão Popular, 2016a.

————. **O Escravismo Colonial**. São Paulo: Expressão Popular, 2016b.

HARVEY, David. **A loucura da Razão Econômica**: Marx e o capital no século XXI. São Paulo: Boitempo, 2018.

————. **O Neoliberalismo:** história e implicações. São Paulo: Loyola, 2014.

HINTON, Elizabeth. **From the War on Poverty to the War on Crime**: The Making of Mass Incarceration in America. Massachusetts; Harvard University Press, 2016.

HIRSCH, Joachim. **Teoria Materialista do Estado**. Rio de Janeiro: Revan, 2014.

HOBSBAWM, Eric. **Era dos Extremos**: o breve século XX (1914-1991). São Paulo: Cia das Letras, 1995.

HUNT, Lynn. **A invenção dos Direitos Humanos:** uma história. São Paulo: Cia das Letras, 2009.

KOERNER, Andrei. Punição, Disciplina e Pensamento Penal no Brasil do Século XIX. In: **Revista Lua Nova**. N. 68. São Paulo, 2006, pp. 205-242.

LARRAURI, Elena. **Teorias Criminologicas**. Barcelona: Bosch, 2001.

LAZZARATO, Maurizio. **Fascismo ou Revolução**: neoliberalismo em chave estratégica. São Paulo: N-1 edições, 2019.

————. **Governo do Homem Endividado**. São Paulo: N-1 Edições, 2017.

LEAL, Jackson da Silva. **Criminologia da Libertação**: A formação da criminologia crítica na América Latina como teoria crítica do controle social e a contribuição desde o Brasil. Belo Horizonte: D`Plácido, 2017.

————. O paradoxo na história do poder punitivo moderno: entre a pretensão sistematizadora e a manifestação usurpadora e totalitária. In: **Revista Metis**: História e Cultura. V. 13. n. 26 jul-dez, 2014. pp.185-212.

————; et all. **Criminologia e Neoliberalismo**: Gênero, religião e Punitivismo nas reformas legislativas brasileiras. Belo Horizonte: Letramento, 2019.

LOCKE, John. **Dois Tratados sobre o Governo**. São Paulo: Martins Fontes, 1998.

————. **Ensaio acerca do entendimento humano**. São Paulo: Editora Nova Cultural, 1999.

LOSURDO, Domenico. **Contra-História do Liberalismo**. Aparecida: Ideias & Letras, 2006.

————. **O Marxismo Ocidental**: como nasceu, como morreu, como pode renascer. São Paulo: Boitempo, 2018.

————. **Hegel e a liberdade dos modernos**. São Paulo: Boitempo, 2019.

LUCE, Mathias Seibel. **Teoria Marxista da Dependência**: problemas e categorias – uma visão histórica. São Paulo; Expressão Popular, 2018.

MARINI, Ruy Mauro. **Subdesenvolvimento e revolução**. Florianopolis: Insular, 2013.

MBEMBE, Achille. **NECROPOLITICA**. São Paulo: N1 edições, 2018.

MARX, Karl. **O capital: livro I**. São Paulo: Boitempo, 2017.

————. **Grundrisse**. Rio de Janeiro: Boitempo, 2011.

————. **Manuscritos econômico-filosóficos**. São Paulo: Boitempo, 2010.

————. Últimos Escritos Econômicos. São Paulo: Boitempo, 2020.

————. **Crítica da Filosofia do Direito de Hegel**. São Paulo: Boitempo, 2013.

————; ENGELS, Friedrich. **Manifesto Comunista**. São Paulo: Boitempo, 2010.

————; ————. **A ideologia Alemã**: crítica da mais recente filosofia alemã em seus recentes representantes Feuerbach, B Bauer e Stirner e do socialismo alemão em seus diferentes profetas (1845-46). São Paulo: Boitempo, 2007.

MATHIESEN, Thomas. **Juicio a la Prisión**: una evolución crítica. Buenos Aires: Ediar, 2003.

————. **The Politics of Abolition**. New York: Routledge, 2014.

MATTOS, Marcelo Badaró. **A Classe Trabalhadora**: de Marx ao nosso tempo. São Paulo: Boitempo, 2019.

MAZZEO, Antonio Carlos. **Estado e Burguesia no Brasil**: origens da autocracia burguesa. São Paulo: Boitempo, 2015.

MELOSSI, Dario; PAVARINI, Massimo. **Cárcere e Fábrica**: as origens do sistema penitenciário (séculos XVI-XIX). Rio de Janeiro: Revan, 2006.

————. **Controlar el Delito, controlar la sociedade**: teorias y debates sobre la cuestion criminal del Siglo XVIII al XXI. Buenos Aires: Siglo XXI, 2018.

MIAILLE, Michel. **Introdução Crítica ao Direito**. Lisboa: Estampa, 2005.

NASCIMENTO, Abdias. **O Genocídio do Negro Brasileiro**: processo de um racismo mascarado. São Paulo: Perspectivas, 2016.

NEDER, Gizlene. Absolutismo, Controle Social e Punição ou prato do dia: *Bastille* à moda brasileira. In: **Revista Dimensões**. V. 12, Vitorias, UFES, 2001. pp. 213- 228.

PACHUKANIS, Evguièni. **Teoria Geral do Direito e Marxismo**. São Paulo: Boitempo, 2017.

PAVARINI, Massimo. **Castigar el Enemigo**: criminalidade, exclusion y inseguridad. Quito: FLACSO, 2009.

————. **Control y Dominacion**: teorias criminológicas burguesas y proyecto hegemónico. Ciudad de Mexico: Siglo XXI, 2013.

PIZA DUARTE, Evandro Charles. **Criminologia & Racismo**. Curitiba: Juruá, 2011.

PLATT, Tony. **Beyond These Walls**: Rethinking crime and Punishment in the United States. New York; St. Martins Press, 2019.

POLANYI, Karl. **A Grande Transformação**: As origens de nossa época. Rio de Janeiro: Elsevier, 2012.

POSTONE, Moishe. **Tempo, Trabalho e Dominação Social:** uma reinterpretação da teoria crítica de Marx. São Paulo: Boitempo, 2014.

POULANTZAS, Nicos. **Poder Político e Classes Sociais**. São Paulo: Martins Fontes, 1977.

————. **Classes Sociais no Capitalismo de Hoje**. Rio de Janeiro: Zahar, 1978.

PRATT, John. **Penal Populism.** New York: Routledge, 2007.

RAMOS, Guerreiro. **Mito e Verdade da Revolução Brasileira.** Florianópolis: Insular, 2016.

RUSCHE, Georg; KIRCHHEIMER, Otto. **Punição e Estrutura Social.** Rio de Janeiro: Revan, 2004.

SÁ, Gabriela B. **A negação da Liberdade**: direito e escravização ilegal no Brasil oitocentista (1835-1874). Belo Horizonte: Letramento, 2019.

SALLA, Fernando. **As prisões em São Paulo,1822-1940**. São Paulo: Annablume, 1999.

————; ALVAREZ, Marcos Cesar. A sociedade e a Lei: o Código Penal de 1890 e as novas tendências penais na Primeira República. In: **Revista Justiça e História**. V. 3 n. 6. Porto Alegre. pp.97-130.

SCHUILENBURG, Marc. **The Securitization of Society**: Crime, risk and social order. New York: New York University press, 2018.

SCHWARCZ, Lilia Moritz. **O espetáculo das Raças**: cientistas, instituições e questão racial no Brasil (1870-1930). São Paulo: Cia das Letras, 1993.

————. **Sobre o Autoritarismo Brasileiro**. São Paulo: Cia das Letras, 2019.

SILVA, Ludovico. **Mais-valia ideológica**. Florianópolis: Insular, 2013.

SIMON, Jonathan. **Governing Through the Crime**: How the war on crime transformed American Democracy and Created a Culture of Fear. New York: Oxford Press, 2007.

SMITH, Adam. **A Riqueza das Nações**: investigação sobre sua natureza e suas causas – volume 1. São Paulo: Editora Nova Cultural, 1996a.

————. **A Riqueza das Nações**: investigação sobre sua natureza e suas causas – volume 2. São Paulo: Editora Nova Cultural, 1996b.

SONTAG, Ricardo. **Código Criminológico?:** Ciência Jurídica e codificação Penal no Brasil (1888-1899). Rio de Janeiro: Revan, 2014.

SOZZO, Maximo. Traduttore Traditore: tradución, importación cultural y historia del presente de la criminologia en América Latina. In: **Reconstruyendo las Criminologias Criticas.** Buenos Aires: Ad Hoc, 2006. pp. 353-431.

SYKES, Gresham. **La Sociedade de los cautivos**: estúdio de una cárcel de máxima seguridad. Buenos Aires: Siglo XXI, 2017.

VIOTTI DA COSTA, EMILIA. **Da Senzala à Colônia.** São Paulo: UNESP, 2010.

————. **Da Monarquia à República.** São Paulo: UNESP, 2010.

————. **A Dialética invertida**: e outros ensaios. São Paulo: UNESP, 2014.

————. **A Abolição.** São Paulo: UNESP, 2010.

WACQUANT, Loic. **Punir os Pobres**: a nova gestão da miséria nos Estados Unidos – a onda punitiva. Rio de Janeiro: Revan, 2007.

WANG, Jackie. **Carceral Capitalism.** Pasadena: MIT Press, 2018.

WEHR, Kevin; ASELTINE, Elyshia. **Beyond the Prison Industrial Complex:** crime and Incarceration in the 21st Century. New York, Routledge, 2013.

ZAFFARONI, Eugenio Raul. **Criminología:** aproximación desde um márgen. Bogotá: Temis, 1988.

————. **A Questão Criminal.** Rio de Janeiro: Revan, 2013.

————; DIAS DOS SANTOS, Ílison. **A Nova Critica Criminológica:** Criminologia em tempos de totalitarismo financeiro. São Paulo: Tirant lo Blach, 2020.

editoraletramento
editoraletramento
grupoletramento
casadodireito.com

editoraletramento.com.br
company/grupoeditorialletramento
contato@editoraletramento.com.br
casadodireitoed
casadodireito

Grupo Editorial
LETRAMENTO